कूड़ा धन

कूड़ा धन

...क्योंकि हर कूड़े की कीमत होती है

दीपक चौरसिया

संपादन

गिरिजेश मिश्र

प्रभात प्रकाशन, दिल्ली

ISO 9001:2008 प्रकाशक

प्रकाशक • **प्रभात प्रकाशन**
4/19 आसफ अली रोड,
नई दिल्ली–110002

संस्करण • प्रथम, 2018
मूल्य • पाँच सौ रुपए
मुद्रक • आर–टेक ऑफसेट प्रिंटर्स, दिल्ली

KUDA DHAN *by* Deepak Chaurasia ₹ 500.00
Published by Prabhat Prakashan, 4/19 Asaf Ali Road, New Delhi-2
e-mail: prabhatbooks@gmail.com ISBN 978-93-5266-677-5

श्री नितिन गडकरी
द्वारा प्रेरित

सत्यमेव जयते

प्रधान मंत्री

Prime Minister

नई दिल्ली

14 दिसंबर, 2017

श्री दीपक चौरसिया जी,

आपका पत्र प्राप्त हुआ। कचरा प्रबंधन पर **'कूड़ा धन'** शीर्षक पुस्तक के प्रकाशन के बारे में जानकर प्रसन्नता हुई। आपके द्वारा इस तात्कालिक और बहुपयोगी विषय का चुनाव सराहनीय है।

स्वच्छता अभियान को समस्त देशवासियों ने जिस तरह आत्मसात करते हुए अपनी दैनिक दिनचर्या के साथ जोड़ा है, उससे यह जन अभियान का रूप ले चुका है। अब हमें इस दिशा में अगला कदम बढ़ाने की जरूरत है। हमारा ज़ोर अब **'वेस्ट से वेल्थ'** इस मंत्र को लेकर आगे बढ़ने पर होना चाहिए। इस रास्ते पर चलकर हम न केवल आर्थिक लाभ प्राप्त कर सकते हैं, बल्कि पर्यावरण की चुनौतियों से भी कारगर ढंग से निपटा जा सकता है।

कचरे से ईंधन का निर्माण, खेतों में अवशिष्ट पदार्थों को खाद में बदलना और दूषित जल को रीसाइकिल कर उसे पुन: इस्तेमाल योग्य बनाना, प्रभावी कचरा प्रबंधन के कुछ विकल्प हैं। सरकार भी लगातार ऐसे प्रयासों को बढ़ावा देने में जुटी है जो कचरे को संसाधनों में परिवर्तित करने की दिशा में कार्यरत हैं।

आशा करता हूं कि आपने अपनी पुस्तक में कचरा प्रबंधन से जुड़ी जिन नई तकनीकों और विकल्पों को समाहित किया है उनसे लोगों को इस दिशा में कार्य करने की प्रेरणा मिलेगी। पुस्तक के प्रकाशन के लिए शुभकामनाएं।

आपका,

(नरेन्द्र मोदी)

श्री दीपक चौरसिया

एडिटर इन चीफ, इंडिया न्यूज़

इनफॉरमेशन टीवी प्राइवेट लिमिटेड

कॉरपोरेट ऑफिस

बी-4, सेक्टर-3, नोएडा

उत्तर प्रदेश- 201301

प्रस्तावना

कूड़ा धन…। इस किताब की कल्पना बहुत ही अच्छी है। इसे आप कूड़े की कला बोलो या कूड़े से उपयोगी चीजें बनाना, मुझे लगता है कि जो लोग कूड़े की उपयोगिता समझते हैं, कूड़े-कचरे से उपयोगी चीजें बनाते हैं, उनको सामने लाना ही इस किताब का मुख्य उद्देश्य है। कई बार हमें लगता है कि फलाँ चीज का कोई उपयोग नहीं है जीवन में। हम उसे नजरअंदाज करते हैं, ध्यान नहीं देते हैं, लेकिन अगर हम अपनी संस्कृति और परंपराओं को ठीक से समझें, उनका अभ्यास करें, हमारे घर में पहले जो चीजें होती हैं, अगर उनका ध्यान करें तो मालूम होगा कि पहले जो चीजें हमें धार्मिक आधार पर बताई जाती थीं, वास्तव में उसके पीछे गहरा वैज्ञानिक दृष्टिकोण है।

अभी मैंने इस किताब में पढ़ा कि केले के तने में कई सारे विटामिंस होते हैं। यह बात हमें अब पता चल रही है, लेकिन मुझे याद है कि हम जब छोटे थे, तब हमारे घर में पापड़ बनाने के लिए जो आटा गूँधा जाता था, उसे केले के तने के रस से गूँधा जाता था। उस समय यह कहा जाता था कि केले का रस बहुत अच्छा रहता है। बड़े-बुजुर्ग हमें समझाते थे कि यह सात्त्विक है और इसलिए इस रस में अगर पापड़ का आटा भिगोया जाए, तो पूरे साल तक पापड़ खराब नहीं होगा। उस समय एक शास्त्र और जोड़ा जाता था। केले के रस को सात्त्विक बताया जाता था, इसलिए मासिक धर्म के समय महिलाओं को इससे दूर रखा जाता था, ताकि पवित्रता भंग न हो। यह कहा जाता था कि ऐसा करने से पापड़ काला नहीं पड़ेगा, खराब नहीं होगा। इसके पीछे का आशय सिर्फ इतना था कि पापड़ बनाने की प्रक्रिया में शुद्धता का पूरा खयाल रखा जाए।

हमारे यहाँ केले के पेड़ की पूजा आज भी होती है। कभी सोचा है—क्यों?

क्योंकि केले के पेड़ की विशेषता है कि जब एक बार उसमें फूल और फल लग जाता है तो उसके बाद केले का पेड़ सूख जाता है, यानी केले का पेड़ अपनी पूरी ऊर्जा फूल और फल को दे देता है। इसीलिए केले का बहुत महत्त्व है हमारी परंपरा में।

केला ही नहीं, बल्कि हमारे यहाँ शास्त्रों में जितने भी पेड़ों की पूजा का विधान बताया गया है, उन पेड़ों की एक-एक चीज बहुत काम की है। जैसे कि हमारे यहाँ कोंकण में नारियल के पेड़ बहुत होते हैं। नारियल के पेड़ की एक-एक चीज उपयोग में आती थी। नारियल के पेड़ की डाली (कोंकण में इसे 'झावली' बोलते हैं) से झोंपड़ियों के दरवाजे बनते थे या फिर घर के बाहर की चारदीवारी बनाई जाती थी। कई बार तो उससे छोटा सा मंडप या गरमी के दिनों में बैठकी के लिए छप्पर भी बनाई जाती थी। नारियल के जूट से रस्सी तो बनती ही है, सबको पता है। बिना छीले हुए नारियल का उपयोग कोंकण में तैराकी सिखाने के लिए लाइफ जैकेट की तरह होता था। दो नारियल पीठ पर बाँध दो तो लाइफ जैकेट की तरह काम करने लगता है। फिर आदमी पानी में डूबता नहीं है। नारियल के छिलके भी बहुत सारे उपयोग में आते थे। चूल्हे में जलावन का काम नारियल के छिलकों से हो जाता था। अलग से लकड़ी लाने की आवश्यकता नहीं होती थी। नारियल के छिलकों का जूट बरतन माँजने के काम भी आता था। कहने का मतलब यह है कि पहले हमारे यहाँ कोई भी चीज फेंकी नहीं जाती थी। एक-एक चीज का उपयोग होता था।

पेड़ों से हमारा कितना घनिष्ठ रिश्ता है, इस बारे में आपको एक दिलचस्प बात बताऊँ। एक बार मेरी एक बहुत वरिष्ठ वैद्य से बात हो रही थी। मैंने उनसे बताया कि हमारे यहाँ कहते हैं कि पीपल के पेड़ का चक्कर अगर कोई महिला लगाए तो उसको संतान प्राप्ति में होनेवाले संकट से छुटकारा मिल जाता है। इतना तो मुझे भी पता था कि पीपल के पेड़ के चक्कर लगाने के पीछे एक वैज्ञानिक दृष्टिकोण तो यह है कि इससे व्यायाम हो जाता है। उन वैद्यजी ने मुझे बताया कि पीपल के पेड़ का चक्कर लगाने के लिए इसलिए कहा गया है, ताकि इससे पीपल के पेड़ की रक्षा हो, क्योंकि पीपल के पेड़ की छाल गर्भाशय से जुड़े रोग की दवा बनाने के काम आती है। उन्होंने मुझे पीपल, आँवला जैसे चार वृक्षों के नाम गिनाए थे, जिनके बारे में हमारी महिलाओं को कहा गया कि इन वृक्षों की रक्षा करना, क्योंकि ये वृक्ष आरोग्य से जुड़े थे।

पहले घर में गाय या भैंस पाली ही जाती थी। उस जमाने में फ्रिज नहीं होते थे।

इसलिए घर में लोगों के भोजन के बाद जो अन्न बचता था, उसे गाय, बैल या भैंस के चारे में मिला दिया जाता था। तिल का तेल निकाला, तो बची हुई खली पशुओं को खिलाई जाती थी, यानी कोई चीज फेंकनी नहीं पड़ती थी। आप इसको परंपरा बोलो, धार्मिक विधान बोलो या कुछ और, वास्तव में पहले के जमाने में कुछ भी व्यर्थ नहीं था। इसलिए कूड़ा-कचरा पहले समस्या नहीं था।

आज सीवर के पानी को साफ करने का संकट है। पहले घर में नहाने, कपड़े धोने, बरतन माँजने के बाद जो पानी निकलता था, उससे घर के पीछे सब्जियों की क्यारियों में सिंचाई होती थी। ऐसी व्यवस्था बना दी जाती थी कि इस्तेमाल किया हुआ पानी सीधे सब्जी की क्यारी में ही पहुँचता था। उन दिनों नहाने और कपड़े धोने के लिए साबुन का इतना ज्यादा प्रयोग नहीं होता था। रीठा और दूसरी प्राकृतिक चीजों का ही उपयोग किया जाता था। इसलिए इस्तेमाल किए हुए पानी में भी केमिकल नहीं होता था। वह पानी भी अच्छा होता था। उसमें खाना खाने के बाद हाथ धोने, बरतन धोने से अन्न भी मिल जाता था और खेत में जाकर खाद बन जाता था। आप लोगों में से बहुत ने खुद देखा होगा कि पहले घरों से पानी का निकास जहाँ होता था, वहाँ लोग कुछ नहीं तो अरबी या पुदीना लगा देते थे। घरेलू प्रयोग से निकले पानी से उसकी सिंचाई होती रहती थी। बरतन धुलने के दौरान जो अन्न उस पानी में जाता था, वह खाद का काम करता था। मतलब इस्तेमाल किया पानी भी तब व्यर्थ नहीं होता था।

दीपकजी ने ऐसी ही कई सारी जानकारी एकत्र करके यह पुस्तक लिखी है। वास्तव में दीपकजी ने 'कूड़ा-धन' के माध्यम से हमारी उसी पुरानी परंपरा और संस्कृति की ही याद दिलाई है। ये बातें हमारी परंपरा और संस्कृति का ही हिस्सा हैं कि जिन वस्तुओं का उपयोग करो, उनके अवशेष और अपशिष्ट का भी उचित प्रयोग करो। अब जैसे पहले हम घरों में घड़े में पानी रखते थे, लेकिन घड़ा अगर टूट जाए तो उसे फेंकने की बजाय उसी को गमला बना देते थे। ऐसे अनेकों प्रयोग हैं, जो हम पहले करते थे।

मेरा मानना है कि दीपकजी ने जो पुस्तक लिखी है, वह बहुत प्रासंगिक और महत्त्वपूर्ण है। इस किताब की मूल शिक्षा यही है कि कोई भी वस्तु कूड़ा नहीं होती, कचरा नहीं होती, अगर उसका सही तरीके और सही दृष्टि से उपयोग किया जाए तो। या तो वह वस्तु खाद बनेगी या किसी और उपयोग में आएगी। प्रकृति और ईश्वर द्वारा निर्मित वस्तुओं का अगर हम सही सोच और समझ के साथ उपयोग

करें तो कुछ भी व्यर्थ नहीं जाएगा, यह हमारी संस्कृति में है। यही हमारी परंपरा हमें सिखाती है। इस किताब में वही बातें कहीं-न-कहीं सिद्ध हो रही हैं। अभी तक हम शास्त्रीय या धार्मिक या पारंपरिक दृष्टिकोण से चीजों को देखते थे, अब उसी को वैज्ञानिक दृष्टिकोण मिल रहा है।

एक और बात। मुझे यह भी आश्चर्य लगा कि जो दीपक चौरसिया दिन भर टी.वी. पर इतने शो करता है, टी.वी. शो में बोलने में, सोचने में, नए-नए विषय और नए-नए आयाम ढूँढ़ने में ऊर्जा लगाता है, उसने बहुत पैनी दृष्टि से इतने उपयोगी और महत्त्वपूर्ण विषय को चुना। दीपकजी ने इतने जनोपयोगी विषय पर जानकारियों का संग्रह किया, यह बात मुझे बहुत सराहनीय लगती है। यह बात मैं ऊपरी तौर पर दीपकजी के लिए नहीं कह रही। यह मैं वास्तविकता बता रही हूँ। दीपकजी ने कूड़ा से धन बनाने के विषय पर किताब लिखी, यह बहुत बड़ी बात है। सकारात्मक और सार्थक किताब लिखने के लिए दीपकजी को बहुत शुभकामनाएँ।

9 फरवरी, 2018

—सुमित्रा महाजन
अध्यक्ष, लोकसभा

अनुक्रम

मेरी बात

आज जब मैं अपनी बात लिखने बैठा हूँ, मेरी आँखों के सामने पिछले वर्षों के वे तमाम दृश्य घूम रहे हैं। जेहन में सवाल उमड़-घुमड़ रहे हैं कि दिल्ली ही नहीं, बल्कि पूरे उत्तर भारत के एक बड़े क्षेत्र को क्यों और कैसे धूल, धुंध और धुएँ ने अपनी चपेट में ले लिया ? आम जीवन डगमगा गया। जिंदगी की सबसे पहली और सबसे कीमती जरूरत है साँस, लेकिन साँस लेना भी अब दुश्वार हो गया है। दिल्ली और आस-पास के इलाके में जो हालात बने, जो जहरीली चादर फैली, वह इतनी भयावह थी कि उससे बचने, बाहर निकलने का रास्ता किसी को नहीं सूझा। यह हमारे-आपके द्वारा निर्मित संकट था। तय था कि यह संकट आएगा। यह संकट सिर्फ दिल्ली का नहीं है, सिर्फ भारत का नहीं है। यह संकट पूरी दुनिया का है। यह कुछ तो मानव निर्मित है और कुछ मानव स्वार्थ के कारण हो रहे जलवायु परिवर्तन से भी जुड़ा है, लेकिन सवाल यह है कि हालात को कैसे सँभाला जाए ? इसी संकट और प्रश्न का उत्तर हमने इस पुस्तक में ढूँढ़ने की कोशिश की है।

आज प्रदूषण और उससे निपटने के बारे में स्थिति यह है कि हम आग लगने पर कुआँ खोद रहे हैं। आखिर हमारी दिक्कत क्या है ? क्यों प्रदूषण और खराब होती आबो-हवा का जो रोग कभी सिर्फ महानगरों का माना जा रहा था, उसने छोटे शहरों और कस्बों तक अपना मकड़जाल फैला लिया ? मुझे लगा कि यही वक्त है, जब बैठकर सोचा जाए कि आखिर आगे का रास्ता कैसे निकलेगा ? धूल का प्रदूषण कैसे कम किया जाए ? धुएँ के गुबार से कैसे निपटा जाए ? सीवर के गंदे पानी से शहर को गंदा किया जाए और फिर वही गंदगी पवित्र, जीवनदायिनी नदियों में घोल दी जाए, यह दुष्चक्र कैसे खत्म हो ? घर और बाहर के कूड़े का प्रबंधन कैसे हो ?

जब हम कभी विदेश जाकर लौटते हैं, तो अपने शहर में कदम रखते ही खुद से सवाल कर बैठते हैं कि क्या कभी हमारा शहर भी दुनिया के तमाम आधुनिक और बड़े शहरों की तरह सुंदर, स्वच्छ एवं प्रदूषण मुक्त बन पाएगा ? हममें से ज्यादातर लोग सरकार को कोसते हैं और फिर अपनी किस्मत को कि हाय! हम कहाँ पैदा हो गए ? इसका दूसरा पहलू भी है, जिसे हम या तो जानना–समझना नहीं चाहते या फिर जानते हुए भी अनजान बने रहते हैं। खुद को धोखा देते रहते हैं। अपनी जिम्मेदारियों से मुँह मोड़ते रहते हैं। यह दूसरा पहलू है—एक नागरिक के रूप में देश, समाज और प्रकृति के प्रति हमारा कर्तव्य। जब हम खुद विदेश प्रवास में होते हैं, तो गंदगी फैलाने की हिम्मत नहीं करते, लेकिन अपने देश में लौटते ही हमें क्या हो जाता है ?

संकट सिर्फ गंदगी फैलाने तक ही सीमित होता तो गनीमत थी, लेकिन अब तो गंदगी देखकर नाक सिकोड़ने भर का संकट नहीं है। संकट साँस लेने का है। जब साँस ही नहीं ले सकेंगे तो जिंदा कैसे रहेंगे ? यह बहुत बड़े खतरे की घंटी है, जिसे जानकर भी हम अनजान बने हुए हैं।

भारत एक ऐसा देश है, जहाँ वैदिक काल से ही प्रकृति को पूजा जाता रहा है। धरती, नदी, वृक्ष, पौधे, फूल, हवा, धूप, पानी···सबमें हमें देवता का रूप दिखाया जाता रहा है। पर्यावरण बचाने की हमारी यह परंपरा पाँच हजार साल से भी ज्यादा पुरानी है, लेकिन आज ऐसा कैसे हो गया कि हम इस मोड़ तक आ पहुँचे कि पूरी प्रकृति हमें डराने लगी है। नदियाँ डराती हैं। झरने और सरोवर डराते हैं। हवा डराती है और अब तो दिन के उजाले में काला–मटमैला–धुँधला आसमान भी हमें डरा रहा है।

सवाल यह है कि इन हालात का सामना कैसे किया जाए ? संकट सामने है, प्रत्यक्ष है और बहुत भयानक है। उसका समाधान कैसे किया जाए ? इस सवाल ने दूसरे लोगों को क्या–क्या सोचने को मजबूर किया, यह तो मैं नहीं जानता। मैं सिर्फ अपनी बात बता सकता हूँ। मुझे ऐसा महसूस हुआ कि हमने प्रकृति के साथ बहुत खिलवाड़ कर लिया। अब उसी का प्रतिफल हमारे सामने है। आज सर्दी की दस्तक होते ही दिल्ली और उत्तर भारत के बड़े भू–भाग पर धुएँ और धुंध का गुबार अँधेरा बनकर छा जाता है। यकीन मानिए, अगर अब भी हमने इस खतरे को अनदेखा किया, तो हम अपना, अपने बच्चों और अपने देश के भविष्य को अँधेरे में धकेल बैठेंगे और इसमें बहुत ज्यादा वक्त नहीं लगने वाला।

हमारे, आपके, हम सबके पास वक्त अब बचा ही नहीं है। पानी को तो हमने बहुत पहले ही इतना दूषित कर दिया कि उसे कृत्रिम तरीके से, उपकरणों की मदद

से साफ किए बिना पीने का मतलब विषपान करना ही है। दूषित पानी ने देश के हर कोने में किसी-न-किसी बीमारी को महामारी बना दिया है। अब जल जैसा ही हाल हवा का है। जहरीली होती हवा अब सिर्फ दिल्ली में ही 35 फीसदी बच्चों को साँस का रोगी बना रही है। प्रतिवर्ष औसतन 35 हजार लोगों की मृत्यु सिर्फ दिल्ली में दूषित हवा की वजह से हो रही है। हवा को जहरीली बनाने में भारत ने वर्ष 2015 में ही चीन को पीछे छोड़ दिया। इस भयावह कीर्तिमान के साथ भारत के नाम यह अभिशाप भी जुड़ गया है कि पूरी दुनिया में दूषित हवा में साँस लेने से जितनी मौतें होती हैं, उसमें 25 फीसदी से ज्यादा अभागे हमारे ही देश के होते हैं। सोना उगलनेवाली देश की मिट्टी भी हमारे स्वार्थ और नासमझी की शिकार हो रही है। अंधाधुंध रासायनिक उर्वरकों और कीटनाशकों के प्रयोग से हरित क्रांति के अगुवा रहे पंजाब और हरियाणा की मिट्टी में जहर इतने गहरे तक पैठ गया है, जिसका कोई त्वरित उपचार नहीं है। पंजाब से लेकर केरल तक से कीटनाशक के प्रयोग से किसानों के मरने, उनके कैंसरग्रस्त होने की खबरें अब आम हो चुकी हैं। चिंताजनक बात यह है कि भारत के ज्यादातर नागरिकों को इन हालात को लेकर अब भी कोई गंभीर चिंता नहीं है। ज्यादातर लोग इसी मनोदशा में हैं कि बुरा तो हो रहा है; लेकिन जब तक हमारे साथ बुरा नहीं होता, तब तक क्यों अपना दिमाग, समय और श्रम खपाएँ?

अब हम संकट के दलदल में नाक तक धँस चुके हैं। दम घुट रहा है। आँखों के आगे अँधेरा छाने लगा है। अगर अब भी हमने विकल्प के लिए संकल्प नहीं लिया, तो फिर हमारा जो होगा सो होगा, आनेवाली पीढ़ियों का क्या हाल होगा, इसका अंदाजा भी हम नहीं लगा सकते। मुझे भाषण देने का कोई शौक न पहले रहा, न अब है, लेकिन दिल्ली में करीब पौने दो करोड़ लोगों के साथ मैं भी जो पीड़ा झेल रहा हूँ, उसके बाद विकल्प की बात न करना, समस्या से निपटने के लिए हाथ-पाँव, दिमाग न चलाना, ऐसा पाप है, जिसका कोई प्रायश्चित्त नहीं। मैं समस्या की बात नहीं करना चाहता। यह पुस्तक लिखने का उद्देश्य समस्या गिनाकर उसका मातम मनाना नहीं है। मैं समाधान की तलाश करना चाहता हूँ। मैं यह मानता हूँ कि अगर कहीं कोई समस्या है, तो वहीं उसका समाधान भी होगा। निश्चित रूप से होगा, बस उसे ढूँढ़ने भर की जरूरत है।

अब आपके मन में यह सवाल उठ रहा होगा कि प्रदूषण के संकट का समाधान मैं कहाँ ढूँढ़ रहा हूँ? मैं सबसे पहले यह स्पष्ट कर देना चाहता हूँ कि न तो मैंने इस संकट से निपटने के लिए कोई नई तकनीक ईजाद की है, न मैं कोई

शोध-प्रबंध लिख रहा हूँ। मैं तो केंद्रीय मंत्री श्री नितिन गडकरीजी के अनुभवों को संकलित भर कर रहा हूँ। मुझे याद है कि भारतीय जनता पार्टी के राष्ट्रीय अध्यक्ष बनने के बाद जब गडकरीजी दिल्ली की राजनीति में सक्रिय हुए, तो एक पत्रकार के नाते मेरी उनसे कई बार मुलाकात हुई। उन्हीं औपचारिक-अनौपचारिक मुलाकातों में उन्होंने ऐसी-ऐसी तकनीक की चर्चा मुझसे की, जिन पर तब यकीन करना भी मुश्किल था; लेकिन तब तक वे अपनी बताई तकनीकों का सफलतापूर्वक प्रयोग भी शुरू कर चुके थे।

गडकरीजी ने मेरे साथ कई बार कूड़े के अर्थशास्त्र पर चर्चा की। जी हाँ, कूड़े का अर्थशास्त्र। वही कूड़ा, जिसे अपने घर से साफ करने के बाद हम अकसर सोच में पड़ जाते हैं कि इसे अब ठिकाने कहाँ लगाएँ, फेंके कहाँ? गडकरीजी ने मुझसे कई बार कहा कि अगर कूड़े को फेंकने की बजाय उसका इस्तेमाल करने की सोच पैदा हो जाए और उस सोच को तकनीक के साथ मिला दिया जाए, तो कूड़ा संकट की बजाय संपदा में बदल जाता है। फिर न तो कूड़े-कचरे से गली-मुहल्ले-शहर में गंदगी और बीमारी फैलने का डर, न सीवर के पानी से नदियों के प्रदूषित होने का खतरा, और न ही कूड़ा-कबाड़ जलाने से हवा में जहर घुलने का संकट। और तो और, नाई की दुकान पर बिखरे रहने वाले बालों से भी मालामाल होने का नुस्खा मौजूद है, जिसे गडकरीजी सफलतापूर्वक आजमा रहे हैं।

गडकरीजी ने कूड़े से कमाई के कई दिलचस्प नमूने बताए, लेकिन सबसे ज्यादा चौंकाने वाली बात उन्होंने कही कि कूड़े की इकोनॉमी पाँच लाख करोड़ की है। शब्दों में लिखा है, इसलिए इसे अंकों की गलती से पैदा हुई गफलत मत समझिए। पाँच लाख करोड़ की अर्थव्यवस्था कूड़े से निर्मित हो सकती है, यह बात गडकरीजी ने आत्मविश्वास के साथ कही और सैंपल भी दिखाया। कूड़े की इस इकोनॉमी को कबाड़ीवाला बिजनेस समझने की भूल भी मत कीजिए, क्योंकि इस अर्थशास्त्र में कूड़ा सिर्फ धन कमाने का साधन भर नहीं है, बल्कि यह कुशल-अकुशल कामगारों के रोजगार का बड़ा जरिया भी बन सकता है। यह बात भी गडकरीजी ने उदाहरण के साथ बताई।

मुझे ऐसा लगता है कि ये सब बातें शोध और कुछ प्रयोगों के तौर पर सिमटकर न रह जाएँ, इसके लिए एक आंदोलन खड़ा करना होगा। गडकरीजी और उनकी तरह सोचनेवाले चंद लोग इस आंदोलन का बीज बो चुके हैं। उस बीज से अंकुर फूटें और आंदोलन हर घर, हर जन का अपना अभियान बन जाए, इसके लिए

जरूरी लगा कि बिखरे-बिखरे अनुभवों को समेटा जाए। उनको सहेजा जाए। उनका विस्तार किया जाए। उनका प्रसार किया जाए। चाहे शहरों की रेजिडेंट्स वेलफेयर एसोसिएशन हों, नगर निगम हों, नगर पालिकाएँ हों या नगर पंचायत, अगर कूड़ा प्रबंधन की नई सोच और नई तकनीक का इस्तेमाल थोड़ा भी होने लगा, तो देश में एक नई क्रांति आ सकती है।

दिल्ली में सबसे बड़ा मुद्दा इन दिनों पंजाब, हरियाणा, राजस्थान और उत्तर प्रदेश के खेतों में धान की पराली या पुआल जलाना बना हुआ है। किसानों का कहना है कि पराली न जलाएँ तो क्या करें? उसे तो जानवर भी चारे के रूप में नहीं खाते। किसानों के लिए पराली या पुआल समस्या है, लेकिन क्या इस समस्या को पर्यावरण के समक्ष खड़े इस संकट को संपदा में बदला जा सकता है? क्या इसका कोई सार्थक इस्तेमाल संभव है? खेतों में पराली जलाने से आग निकलती है, धुआँ फैलता है और हवा में घुलकर वही धुआँ जहर बन जाता है। क्या पराली की आग से पैदा हुई ऊर्जा को सहेजकर उसका कोई इस्तेमाल नहीं हो सकता? गडकरीजी के मुताबिक, यह भी संभव है।

लोग यह सवाल कर सकते हैं कि लगभग ढाई दशक के पत्रकारीय जीवन में, जिसमें मैंने देश और दुनिया की हर बड़ी घटना कवर की है, उसके बारे में कुछ न लिखकर मैं एक ऐसे विषय के बारे में क्यों लिख रहा हूँ, जिसका मैं विशेषज्ञ नहीं हूँ? मैं विशेषज्ञ न सही, एक नागरिक के रूप में प्रदूषण के संकट से रोज जूझ रहा हूँ। यह जूझना ही मुझे इस विषय पर लिखने के लिए प्रेरक बना। सवाल साँसों का है और जब भी मुझे यह सवाल परेशान करता है, तो बस एक ही सूत्र-वाक्य याद आता है—जान है तो जहान है। तो अपनी जान और अपने जहान को बचाने की एक छोटी सी कोशिश भर है यह पुस्तक।

दीपक चौरसिया

(दीपक चौरसिया)

भूमिका

स्वच्छ भारत मिशन : संकल्प अच्छा, विकल्प कहाँ ?

बात 2014 की है। प्रधानमंत्री नरेंद्र मोदी का जादू पूरी दुनिया के सिर चढ़कर बोल रहा था। अपने अनूठे अंदाज में वे भारत की दशा और दिशा बदलने के लिए नित नए प्रयोग करने में जुटे हुए हैं। उन्हीं प्रयोगों में से एक का श्रीगणेश उन्होंने 2 अक्तूबर, 2014 को किया। हाथों में झाड़ू लेकर नरेंद्र मोदी निकल पड़े देश को स्वच्छ बनाने। राजधानी नई दिल्ली के राजपथ की चौड़ी-साफ सड़कों से निकलकर वे वाल्मीकि बस्ती की ओर रवाना हुए। रास्ते में मंदिर मार्ग थाना पड़ा। प्रधानमंत्री ने अपनी गाड़ी रुकवाई। सड़क पर गंदगी दिखी तो उन्होंने झाड़ू उठाया

और खुद गंदगी साफ करने में जुट गए। फिर वाल्मीकि बस्ती की बारी आई।

अपने इस अभियान को प्रधानमंत्री नरेंद्र मोदी ने नाम दिया—'स्वच्छ भारत मिशन'। आलोचकों को इसमें कुछ भी नया नहीं दिखा, क्योंकि पूर्ववर्ती सरकार पहले से 'निर्मल भारत अभियान' चला रही थी। निर्मल को स्वच्छ बता देना भला नया क्या था? यह प्रश्न पूछनेवालों ने शायद उस दिन प्रधानमंत्री नरेंद्र मोदी के वक्तव्य पर ध्यान नहीं दिया था।

प्रधानमंत्री मोदी ने कहा था—"मैं कोई दावा नहीं करता हूँ कि अभी-अभी जो चुनकर आई है, सरकार वह ही सब कर रही है। न, मैंने लालकिले से भी पुरानी सभी सरकारों को बधाई दी थी, अभिनंदन किया था। आज मैं इस पवित्र मंच से भी जिन-जिन सरकारों ने इस काम को किया है, चाहे केंद्र में हो, चाहे राज्य में हो, चाहे नगर-पालिका में हो, चाहे सामाजिक संगठनों ने किया हो, चाहे सर्वोदयी नेताओं ने किया हो, चाहे सेवा दल के कार्यकर्ताओं ने किया हो और संगठन के कार्यकर्ताओं ने किया हो, सब के सब अभिनंदन के अधिकारी हैं और आज इस पवित्र अभियान का आरंभ हो रहा है, तब मैं उन सबको नमन करते हुए, उन सबके आशीर्वाद के साथ, इस कार्यक्रम को आरंभ करने के लिए, मैं समस्त देशवासियों से प्रार्थना करता हूँ। कभी-कभी ऐसा लगता है कि क्या सफाई, इस देश को गंदगी से मुक्त करना, सिर्फ सफाई कर्मचारियों का काम है क्या? क्या यह उन्हीं का जिम्मा है क्या? क्या सवा सौ करोड़ देशवासियों का कोई दायित्व नहीं है? हम हर बात उन्हीं पर थोपते रहेंगे क्या? अगर कुछ अच्छा हुआ, बुरा हुआ तो उन्हीं को कोसते रहेंगे क्या? यह स्थिति बदलनी है।"

सवा सौ करोड़ देशवासी, जैसे भारत माता की संतानें हैं, प्रधानमंत्री भी पहले भारत माता की संतान हैं, बाद में प्रधानमंत्री हैं। इसलिए इस माँ की संतान के रूप में, हम सबका दायित्व बनता है। हम अपने देश को ऐसा न रखें। गाँव हो, गली हो, मोहल्ला हो, घर हो, परिवार, स्कूल हो, कॉलेज हो, मंदिर हो, मस्जिद हो, गुरुद्वारा हो, कोई भी स्थान हो, वह गंदा कैसे हो सकता है और कहीं गंदगी देखें... कोई कागज फेंकता है, तो हमें उठाने का मन क्यों नहीं करता?

मैं जानता हूँ, यह प्रचार अभियान से होनेवाला काम नहीं है। पुरानी आदतों को बदलने के लिए समय लगता है। कठिन काम है, मैं जानता हूँ, लेकिन हमारे पास 2019 तक, जब महात्मा गांधी की 150वीं जयंती मनाएँगे, तब तक का समय है। मैं मीडिया के मित्रों का भी आभारी हूँ कि पिछले कुछ दिनों से वे इस बात को फैला रहे हैं, पहुँचा रहे हैं। अगर हम सब मिलकर के इसको एक जन-आंदोलन बनाएँगे,

तो मैं नहीं मानता हूँ कि दुनिया के साफ-सुथरे शहरों में, देशों में हमारा नाम नहीं होगा। हम भी उस जगह को बना सकते हैं। भारत यह कर सकता है, भारतवासी कर सकते हैं। अगर भारतवासी कम-से-कम खर्चे में मंगल (Mars) पर पहुँच सकते हैं, तो क्या भारतवासी अपना गली-मोहल्ला साफ नहीं कर सकते हैं? मंगल ग्रह तक पहुँचाने के लिए कोई प्रधानमंत्री नहीं गया, कोई मंत्री नहीं गया बल्कि वैज्ञानिकों ने किया, भारत माता की संतानों ने किया था। सफाई भी हम सब मिलकर करेंगे।

मैं जानता हूँ, कुछ ही दिनों में आलोचना शुरू होनेवाली है कि देखो, क्या हुआ? देखो, क्या हुआ? मेरी ढेर सारी आलोचना होनेवाली है, मैं जानता हूँ, लेकिन मैं माँ भारती की गंदगी की सफाई के लिए अगर मुझे आलोचना सहनी पड़े, तो मैं उसी तैयारी के साथ आज मैदान में आया हूँ। मैं इस तैयारी के साथ आया हूँ कि मेरे सवा सौ करोड़ देशवासी, भारत माँ की संतान, हमारी इस भारत माँ को अब गंदा नहीं रहने देंगे। पूज्य बापू के सपनों को पूरा करने में हम कोताही नहीं बरतेंगे और यह जिम्मेवारी हम सबकी है।

मैंने सोशल मीडिया में भी एक आंदोलन खड़ा करने का तय किया है, जो mygov.in, इस वेबसाइट पर भी है। क्लीन इंडिया के लिए एक अलग वेबसाइट बनाई है। फेसबुक, ट्विटर पर भी इस काम को आरंभ किया है। #MyCleanIndia, यह भी आज प्रारंभ किया है। मैं देशवासियों से प्रार्थना करता हूँ कि आप एक काम कीजिए। कहीं कूड़ा कचरा है, उसकी फोटो आप अपलोड कीजिए। फिर उसकी सफाई आप कीजिए। उसकी वीडियो अपलोड कीजिए। फिर स्वच्छ बनी उस जगह की फोटो आप अपलोड कीजिए।

भाइयो-बहनो, मैं मीडिया से भी प्रार्थना करता हूँ। यह सब, आज भी मैं कहता हूँ, हिंदुस्तान में कई नौजवान ऐसे हैं, कई संगठन ऐसे हैं और हिंदुस्तान के हर कोने में हैं, हजारों की तादाद में हैं। वे सफाई का काम, मैं प्रधानमंत्री बना, उससे पहले से कर रहे हैं। जरा उनको हम हिंदुस्तान की जनता के सामने मीडिया के माध्यम से लाएँ। छोटे-छोटे लोग, जो सफाई का काम करते हैं, उनको देश के सामने लाएँ। हम सब मिलकर एक प्रेरणा का वातावरण बनाएँ। किसने किया, किसने नहीं किया, कौन जिम्मेवार है, कौन नहीं है, कौन गुनाहगार, इसमें इस बात को हम न घसीटें।

मैंने पहले ही कहा, यह राजनीति से परे है। यह सिर्फ राष्ट्रभक्ति की प्रेरणा से किया हुआ काम है। हमने सिर्फ-और-सिर्फ राष्ट्रभक्ति की प्रेरणा से ही करना है, राजनीति से प्रेरित हो करके नहीं करना है, यह सफाई तब होगी। इसलिए मैं कहता

हूँ, अनेक संगठन हैं, अनेक सामाजिक संगठन हैं, अनेक सांस्कृतिक संगठन हैं, वे अपने–अपने तरीके से काम कर रहे हैं।

मैंने ऐसे कई गाँव देखे हैं, उस गाँव का सरपंच इतना जागरूक है, गाँव के सब लोग गाँव को इतना साफ–सुथरा रखते हैं, देखते ही बनता है। कई लोग हैं, जो इस काम को करते हैं। कई स्कूल में जाते हैं, एक–आध शिक्षक इतना रुचि लेता है, पूरा शिक्षण क्षेत्र का परिसर कितना साफ–सुथरा, पवित्रता के माहौल की अनुभूति होती है।

जब हम इंडिया गेट पर आते हैं, राष्ट्रपति भवन की ओर जाते हैं, यह सफाई देखते हैं, तो मन में कितना अच्छा लगता है। क्या मेरे हिंदुस्तान का हर कोना इतना ही साफ होना चाहिए कि नहीं होना चाहिए? हर गली–मोहल्ला इतना ही साफ होना चाहिए कि नहीं होना चाहिए? यह सामाजिक दायित्व है कि नहीं है? इसलिए कृपा करके, अगर इसको राजनीतिक रंग से रँग दिया गया, अगर इसको इसी बात से तौल दिया कि देखो एक दिन आए, फोटो निकाल के चले गए, तब तो हम भारत माँ की फिर से एक बार कु–सेवा करेंगे। महात्मा गांधी हिंदुस्तान के हर गली–मोहल्ले में सफाई करने नहीं गए थे। लेकिन सफाई की उनकी प्रतिबद्धता ने पूरे हिंदुस्तान में सफाई के प्रति एक जागरूकता पैदा की। हमको, सबको मिल करके इस काम को करना है। हम जहाँ हों, जैसे हों, इस काम को करेंगे। मुझे विश्वास है, हम अपनी भारत माता को गंदगी से मुक्त करा पाएँगे। यह सवा करोड़ देशवासियों का काम है।

सवा सौ करोड़ में एक मोदी नाम का इंसान भी है। अकेला मोदी है, ऐसा नहीं है। इसलिए यह काम सवा सौ करोड़ देशवासियों का है, यह मैं सवा सौ करोड़ बार बोल रहा हूँ। सिर्फ सरकार का काम नहीं है। यह काम सिर्फ मंत्रियों का नहीं है। यह काम सिर्फ सामाजिक संगठन, समर्पित समाजसेवकों का नहीं है। यह जन–सामान्य का काम है। जितना ज्यादा हम जन–सामान्य को जोड़ेंगे, लाभ होगा।

मैंने आज एक और भी काम···आज नवरात्रि की भी पूर्णहुति हो रही है। कल विजयादशमी का पर्व हम मनानेवाले हैं। कल के विजयादशमी के पर्व के लिए भी राष्ट्रवासियों को शुभकामना देता हूँ।

आज मैंने सोशल मीडिया पर एक आंदोलन चलाने का कार्यक्रम शुरू किया है। मैंने आज नौ लोगों को निमंत्रित किया है कि आप भी पब्लिक प्लेस पर आकर, अपने आदमियों को लेकर स्वच्छता के अभियान पर काम करेंगे। मैं विश्वास करता हूँ, जिन नौ लोगों को मैंने आज निमंत्रित किया है, वे जरूर इस काम को करेंगे।

इतना ही नहीं, उनसे भी मेरा आग्रह है कि वे भी और नौ लोगों का नाम तय करके उनको भी निमंत्रित करें, वे और नौ लोगों को करें, फिर वे और नौ लोगों को कहें। आपको भी मैं कहता हूँ, आप भी इस प्रकार का सफाई का काम करके उसका वीडियो अपलोड करके और नौ लोगों को आप निमंत्रित कीजिए। अरे, नौ-नौ की यह चैन चलती ही रहे, चलती ही रहे।

आज मैंने गोवा की गवर्नर माननीय मृदुला सिन्हाजी को निमंत्रित किया है। मैंने भारतरत्न सचिन तेंदुलकरजी को निमंत्रित किया है। मैंने योगगुरु बाबा रामदेवजी को निमंत्रित किया है। मैंने कांग्रेस के नेता श्रीमान शशि थरूरजी को निमंत्रित किया है। मैंने श्रीमान कमल हसनजी को निमंत्रित किया है। मैंने श्रीमान सलमान खानजी को निमंत्रित किया है, मैंने बहन प्रियंका चोपड़ाजी को निमंत्रित किया है। इतना ही नहीं, तारक मेहता का उल्टा चश्मा, उनकी पूरी टीम को मैंने कहा है, मैं इस काम में आपको निमंत्रण देता हूँ, आप भी करिए और अपने सीरियल के माध्यम से, और भी सीरियल के माध्यम से इस काम को आगे बढ़ाइए।

हमारी फिल्म इंडस्ट्री देखेगी, पिछले 50 सालों में कई ऐसी फिल्में आई हैं, बहुत सी फिल्में ऐसी हैं, जिनमें कोई-न-कोई एपिसोड ऐसा है, जिसमें सफाई के विषय में कोई न कोई लोकशिक्षा का काम किया गया है। इस बात को हमें आगे बढ़ाना है। हमें इस बात की जिम्मेवारी निभानी है।

भाइयो और बहनो, डब्ल्यू.एच.ओ. का एक बहुत बड़ा चौंकाने वाला मूल्यांकन है—उनका कहना है कि भारत में गंदगी के कारण जो बीमारी आती है, बीमारी के कारण जो रोजी-रोटी छूट जाती है, नौकरी नहीं हो पाती है, परिवार को तकलीफ होती है। डब्ल्यू.एच.ओ. का कहना है कि गंदगी के कारण हर वर्ष भारत के प्रत्येक नागरिक को करीब 6500 रुपयों का अतिरिक्त नुकसान झेलना पड़ता। बीमारी के कारण, बीमारी के कारण ऑटोरिक्शा नहीं चला पाता है। बीमारी के कारण टैक्सी नहीं चला पाता है। बीमारी के कारण अखबार बाँटने के लिए नहीं जा पाता है। बीमारी के कारण दूध बेचने के लिए नहीं जा पाता है। यह भारत की कुल संख्या का औसत निकाला है, लेकिन सुखी घर के लोगों को यह नहीं भुगतना पड़ता है। अगर उनको निकाल दिया जाए तो औसत 6500 से बढ़कर गरीब आदमी के सिर पर बोझ का औसत 12-15 हजार रुपए हो सकता है।

हम सिर्फ गंदगी साफ करें तो हमारे देश के गरीबों की जेब के कम-से-कम 6500 रुपए बचनेवाले हैं। वह धन बीमारी से बचनेवाला है। वह नौकरी पर नहीं

जा पा रहा है, बेरोजगारी से बचनेवाला है। गंदगी से मुक्ति गरीबों के स्वास्थ्य के लिए बड़ा महत्त्वपूर्ण काम है। इसलिए यह भारत माता की सेवा, गरीबों की सेवा है।

आइए, हमसब मिलकर करके देखें Mygov.in वेबसाइट पर, मेरे फेसबुक पर, ट्विटर पर, सामान्य जनता का जो मिजाज देख रहा हूँ, जो उमंग देख रहा हूँ। मुझे विश्वास है कि सरकार से भी जनता सौ कदम आगे चलने को तैयार है और अगर जनता चलती है तो फिर इसे रोकने का कोई कारण नहीं है।

भाइयो-बहनो, महात्मा गांधी को हमें कुछ तो देना चाहिए। 2019 में गांधी के जन्म के 150 वर्ष पूर्ण हों, तब हमें 'स्वच्छ भारत' और ये सामूहिक दायित्वों से बना हुआ भारत। भारत छोड़ो आंदोलन की सफलता इसलिए थी कि सारा देश आजादी के आंदोलन में जुड़ा हुआ था। स्वच्छ भारत की सफलता इसमें है कि सवा सौ करोड़ देशवासी इसमें जुड़ें। 'जय जवान, जय किसान' के मंत्र की सफलता इसलिए थी, क्योंकि लालबहादुर शास्त्री ने जय किसान का नारा दिया, अन्न उत्पादन के लिए आह्वान किया, लेकिन लालबहादुर शास्त्री को किसी ने यह पूछा तो नहीं था कि तुम खेत में जा करके हल चला रहे हो, तुमने खेती की या नहीं की, तुमने अनाज पैदा किया कि नहीं किया, यह किसी ने नहीं पूछा था; लेकिन लालबहादुर शास्त्रीजी ने कहा था—जय किसान! और हिंदुस्तान के किसान खड़े हो गए थे। अन्न के भंडार भर दिए थे और भारत के हर गरीब व्यक्ति का पेट भरने का काम उस एक महापुरुष के शब्दों पर हुआ था। यह वक्त महात्मा गांधी के शब्दों को पूरा करने का है।

उस महापुरुष के शब्दों की पवित्रता देखिए, उस महापुरुष के शब्दों की ताकत को देखिए, उस महापुरुष के शब्दों के समर्पण को देखिए, क्या हमें वो प्रेरणा नहीं दे सकते हैं? चाहे मैं हूँ या आप हों, हम सबके लिए महात्मा गांधी का Quit India नारा सफलता जैसा आनंद देता है, Clean India भी हमें उतना ही आनंद देगा, उतना ही सुख देगा, उतना ही समृद्धि का रास्ता प्रशस्त करेगा, इस विश्वास के साथ इन महापुरुषों के शब्दों पर भरोसा करके हम चल पड़े हैं।

मेरे पर भरोसा मत कीजिए, मेरी सरकार पर भरोसा मत कीजिए, भरोसा हम करें महात्मा गांधी पर! भरोसा करें, महात्मा गांधी के त्याग, तपश्चर्या और समर्पण पर! भरोसा करें, हम महात्मा गांधी के स्वच्छ भारत के सपने पर। आज हमारी जिम्मेदारी बनती है, अगर हम माँ भारती की संतानें हैं, तो यह हमारा दायित्व बनता है, 'न मैं गंदगी करूँगा और न मैं गंदगी करने दूँगा।' यह हमारा दायित्व होना चाहिए।

कभी हम विदेशों में जाते हैं और वहाँ से आकर के कहते हैं—वाह! इतना साफ-सुथरा! कहीं गंदगी नहीं थी। तो मैं उन लोगों को पूछता हूँ—साफ देखा, स्वच्छ देखा, आपको अच्छा लगा न? मैंने कहा कि आपने किसी को गंदगी करते हुए देखा था, कूड़ा-कचरा फेंकते हुए देखा था, पान की पिचकारी लगाते हुए देखा था तो उन्होंने कहा कि नहीं देखा था, तब मैंने कहा कि सफाई का रहस्य वहाँ के नागरिकों का डिसिप्लिन है। यह अगर हम कर पाते हैं तो मुझे विश्वास है, हम बहुत बड़ा काम कर सकते हैं।

एक काम और है, वह है टॉयलेट बनाना। हमारे देश के गाँवों में 60 प्रतिशत से भी ज्यादा लोग आज खुले में शौच के लिए जा रहे हैं। मुझे सबसे बड़ी पीड़ा होती है माँ-बहनों को देखकर, जब उन्हें खुले में जाना पड़ता है। यह कलंक मिटाना है, हम सबने मिलकर के मिटाना है। मैंने कॉरपोरेट सोशल रिस्पॉन्सिबिलिटी (Corporate Social Responsibility) वालों से भी कहा है कि इस काम को प्राथमिकता दीजिए। माँ-बहनों के सम्मान के लिए हम इतना तो करें।

आज भी कई स्कूल ऐसे हैं, जहाँ बालिकाओं के लिए अलग टॉयलेट नहीं हैं, यह स्थिति बदलनी है। इसमें किसी का दोष नहीं है, कोई जिम्मेवार नहीं है, बस हमने सकारात्मक रूप से भविष्य की ओर देखकर चल पड़ना है। इस आंदोलन से जुड़ा हुआ कोई आदमी कोई राजनीतिक टीका-टिप्पणी न करे; क्योंकि सबने काम किया है। हमारे पहले सबने काम किया है। महात्मा गांधी के नेतृत्व में कांग्रेस पार्टी इसकी सिरमौर रही है।

मैं इस काम को वंदन करता हूँ और इसलिए मैं हाथ जोड़कर के, विशेषकर मीडिया को और देशवासियों को कहता हूँ, इस आंदोलन को सिर्फ माँ भारती की भक्ति से जोड़िए, गरीब-से-गरीब के स्वास्थ्य से जोड़िए। कौन कर रहा है, कौन नहीं कर रहा है, कौन सफल हुआ, कौन विफल हुआ, इसमें न पड़कर हम स्थितियों को न बिगाड़ें, न बदलें। हम एक जिम्मेवारी से चलें और जब हम सामूहिक जिम्मेवारी से चलेंगे तो इसमें सफलता मिलेगी।

मैं फिर एक बार आप सबको निमंत्रित करता हूँ। हम यहाँ पर शपथ लेनेवाले हैं। मेरी प्रार्थना है कि हम बैठे-बैठे ही शपथ लेंगे, खड़े होने की जरूरत नहीं, जो खड़े हैं, वे खड़े रहें और दूसरी मेरी प्रार्थना है कि हम दोनों हाथ ऊपर करके महात्मा गांधी को स्मरण करें और महात्मा गांधी को स्मरण करके हम जहाँ हैं, वहाँ दोनों हाथ ऊपर करके महात्मा गांधी का स्मरण करना है। तो यह काम पूज्य बापू को उनके

सपनों का भारत बनाने के लिए है। इसलिए दोनों हाथ ऊपर करके पूज्य बापू का स्मरण करके मेरे साथ इस शपथ समारोह में शरीक होंगे और शपथ सिर्फ बोलनी नहीं है, शपथ लेनी है।

"आप शपथ लेंगे? इस सफाई आंदोलन को आगे बढ़ाएँगे? कोई कोताही नहीं बरतेंगे?"

तो मेरे साथ बोलिए, महात्मा गांधी ने जिस भारत का सपना देखा था, उसमें सिर्फ राजनीतिक आजादी ही नहीं थी, बल्कि एक स्वच्छ एवं विकसित देश की कल्पना भी थी। महात्मा गांधी ने गुलामी की जंजीरों को तोड़कर माँ भारती को आजाद कराया। अब हमारा कर्तव्य है कि गंदगी को दूर करके भारत माता की सेवा करें।

"मैं शपथ लेता हूँ कि मैं स्वयं स्वच्छता के प्रति सजग रहूँगा और उसके लिए समय दूँगा। हर वर्ष 100 घंटे यानी हर सप्ताह दो घंटे श्रमदान करके स्वच्छता के इस संकल्प को चरितार्थ करूँगा। मैं न गंदगी करूँगा और न किसी और को करने दूँगा। सबसे पहले मैं स्वयं से, मेरे परिवार से, मेरे मोहल्ले से, मेरे गाँव से एवं मेरे कार्यस्थल से शुरुआत करूँगा। मैं यह मानता हूँ कि दुनिया के जो भी देश स्वच्छ दिखते हैं, उसका कारण यह है कि वहाँ के नागरिक गंदगी नहीं करते और न ही होने देते हैं। इस विचार के साथ मैं गाँव-गाँव और गली-गली स्वच्छ भारत मिशन का प्रचार करूँगा। मैं आज जो शपथ ले रहा हूँ, वह अन्य 100 व्यक्तियों से भी करवाऊँगा। वे भी मेरी तरह स्वच्छता के लिए 100 घंटे दें, इसके लिए प्रयास करूँगा। मुझे मालूम है कि स्वच्छता की तरफ बढ़ाया गया मेरा एक कदम पूरे भारत देश को स्वच्छ बनाने में मदद करेगा।''

सत्य से साक्षात्कार

सत्य ही कहा था प्रधानमंत्री नरेंद्र मोदी ने। स्वच्छ भारत मिशन की भी आलोचना शुरू हो गई। विपक्षी दलों के नेता मौका मिलते ही व्यंग्य-बाण चलाने लगते कि भारत स्वच्छ हो गया क्या? बतौर पत्रकार और संपादक मैंने भी अपने सहयोगियों से कहा कि हमें तथ्यों का पता चलाना चाहिए। रियलिटी चेक करनी चाहिए कि क्या प्रधानमंत्री की बातों का कोई असर हुआ है? कहने भर की देर थी, पूरे देश से हमारे सहयोगी संवाददाताओं और संवाद सूत्रों ने कहानियाँ भेजनी शुरू कर दीं कि यहाँ गंदगी का ढेर है, वहाँ कूड़े का अंबार है, उस तरफ लोग खुले में मूत्र-विसर्जन कर रहे हैं, इस तरफ लोग पान खाकर थूक रहे हैं। और तो और कूड़ा

इकट्ठा करनेवाले भी लोगों के घर, दफ्तर, गली–मुहल्ले का कूड़ा इकट्ठा करने के बाद सड़क के किनारे, किसी खाली पड़े प्लॉट या नालों के किनारे उड़ेल आते हैं। मेरी टीम के कुछ सहयोगियों ने ऐसे लोगों को रँगे हाथ पकड़ा तो उनका सवाल था—'तो आप ही बताइए कि कूड़ा फेंकें कहाँ?' इस सवाल ने स्वच्छ भारत मिशन से जुड़े एक बड़े सत्य से साक्षात्कार करा दिया। यह सत्य था कि ज्यादातर लोग अपने आस–पास का परिवेश साफ रखना तो चाहते थे, लेकिन उन्हें भी समझ में नहीं आ रहा था कि सफाई के बाद जो कूड़ा–कचरा इकट्ठा हो रहा है, उसका निस्तारण कहाँ करें, कैसे करें?

कूड़ा : संकट या संपदा ?

'स्वच्छ भारत मिशन' शुरू होने के बाद मीडिया में एक रिवाज सा बन गया था। जो भी पत्रकार किसी मंत्री या राजनेता से मिलता था, 'स्वच्छ भारत मिशन' पर सवाल जरूर पूछता था। मैंने भी यह सवाल कई राजनेताओं से पूछा। सबने इस मिशन की तारीफ की, लेकिन मूल प्रश्न का उत्तर किसी के पास नहीं था कि लोग अपने घरों की सफाई करने के बाद कूड़ा ठिकाने कहाँ लगाएँ? एसोसिएटेड चैंबर्स ऑफ कॉमर्स यानी एसोचैम से लेकर पर्यावरण मंत्रालय तक की रिपोर्ट खँगालने पर पता चला कि देश में जितना कूड़ा रोज निकलता है, उसमें से बमुश्किल 20 फीसदी को शोधित कर पाने की क्षमता देश के महानगरों में उपलब्ध है। छोटे शहरों, कस्बों में तो कचरा प्रबंधन यानी वेस्ट मैनेजमेंट का कोई सिस्टम होगा, यह सोचना भी हास्यास्पद है।

तो क्या 'स्वच्छ भारत मिशन' कभी कामयाब नहीं होगा? कोई ऐसा तरीका नहीं है, जिससे लोगों का घर-दफ्तर साफ हो और सफाई के बाद निकला कूड़ा-कचरा शहर और कस्बे को भी गंदा न करे?

यह कूड़े-कचरे का दुष्चक्र जैसा नजर आ रहा था। घर का कूड़ा किसी खाली प्लॉट या नाले के किनारे फेंका जाएगा तो घूम-फिरकर वापस घर में आएगा ही। इस परिस्थिति से निकलने का कारगर तरीका यही हो सकता है कि हर शहर, कस्बे और गाँव से निकलने वाले कूड़े-कचरे को शोधित करने के लिए प्लांट लगा दिया जाए। व्यावहारिक दृष्टि से यह भी संभव नहीं है, क्योंकि इसके लिए सरकार को ढेर सारे धन का प्रबंध करना होगा। धन का प्रबंध हो भी गया तो वेस्ट एंड गार्बेज ट्रीटमेंट प्लांट लगाने के लिए जमीन कहाँ से मिलेगी? सरकार के सामने यक्षप्रश्न यही है कि जहाँ भी कूड़ा ठिकाने लगाने का प्रोजेक्ट बनाने की बात सोची जाती है, वहाँ विरोध शुरू हो जाता है कि—न जी न, हम तो अपने पड़ोस में कूड़ाघर नहीं बनने देंगे! बीमारी फैलेगी, दुर्गंध से जीना दुश्वार हो जाएगा... न...बिल्कुल नहीं!

कूड़े के इसी दुष्चक्र की उलझन सुलझाने के लिए मैंने स्वच्छ भारत मिशन के संदर्भ में जितने भी विशेषज्ञों और राजनेताओं से बात की, सबका जवाब एक जैसा ही था। सब यह तो मानते थे कि प्रधानमंत्री की सोच सराहनीय है, लेकिन स्वच्छ भारत की सोच सफल कैसे होगी? क्या सिर्फ झाड़ू हाथों में उठाने भर से भारत स्वच्छ हो जाएगा? इसका आसान और व्यावहारिक जवाब किसी के पास नहीं था। इसी दौरान मुझे केंद्रीय सड़क परिवहन और जहाजरानी मंत्री नितिन गडकरी का एक इंटरव्यू करने का मौका मिला। नई दिल्ली के लुटियंस जोन में नितिन गडकरी के सरकारी बँगले में इंटरव्यू रिकॉर्ड होना था। मोदी सरकार का एक साल पूरा होने पर नितिन गडकरी से बातचीत करने के लिए मेरे साथ कई वरिष्ठ पत्रकार भी थे। सरकार की उपलब्धियों के हिसाब-पुस्तक से बात शुरू हुई, तो इसमें स्वाभाविक तौर पर स्वच्छ भारत मिशन सवाल बनकर सामने आ गया। दूसरे राजनेताओं से इतर नितिन गडकरी ने स्वच्छ भारत मिशन की तारीफ भर नहीं की, उन्होंने इसके अनगिनत फायदों का उदाहरण के साथ विवरण देना शुरू कर दिया।

मैंने नितिन गडकरी से पूछा, 'स्वच्छ भारत मिशन से फायदा होगा, यह सबको पता है, लेकिन सवाल उस कूड़े-कचरे से निपटने का है, जो लोगों के घर-दुकान-दफ्तर से निकलता है और फिर पूरे शहर को गंदा बनाता है, उसका

क्या होगा? बड़े पैमाने पर वेस्ट मैनेजमेंट सिस्टम बनाए बिना स्वच्छ भारत की संकल्पना सच कैसे होगी?'

नितिन गडकरी ने इस पर कूड़ा प्रबंधन की नई व्याख्या की। उन्होंने कहा, 'दीपकजी, एक बात बताऊँ! हमें वेस्ट टु वेल्थ—यानी कचरे से कमाई की ओर जाना होगा। लोगों को पता ही नहीं है कि कूड़ा-कचरा भी बहुत काम का होता है। लोगों को जब यह बात समझ में आ जाएगी तो भारत स्वच्छ होने के साथ-साथ संपन्न भी हो जाएगा।' नितिन गडकरी कूड़े-कचरे की बात करते-करते कब मोदी सरकार के मंत्री से नागपुर में सामाजिक सरोकार रखनेवाले राजनीतिक कार्यकर्ता वाले अपने कार्यकाल में पहुँच गए, उन्हें खुद भी पता नहीं चला। नितिन गडकरी ने लंबा-चौड़ा ब्योरा बता दिया कि कैसे उन्होंने नागपुर नगर निगम में कूड़े से कमाल करवाया। सच कहूँ तो उस दिन उनकी बातों से मैं भी उकता गया था। वे मानव मूत्र से उर्वरक बनाने और मानव मल से गैस पैदा करके उसी गैस से सीएनजी बस चलाने जैसी बातें कर रहे थे। नितिन गडकरी का बात करने का अंदाज बड़ा मनभावन था। वे बिल्कुल किसी होनहार छात्र की तरह बात कर रहे थे, जिसने मानो अभी-अभी ढेर सारा सूत्र कंठस्थ किया हो और विद्यालय की प्रयोगशाला में उन्हीं में से कोई प्रयोग सफल होने के बाद आनंदित हो।

नितिन गडकरी के 'वेस्ट टु वेल्थ' वाले ज्ञान की अहमियत उस वक्त समझ में नहीं आई। कूड़ा-प्रबंधन के बारे में उनका ज्ञान और दृष्टिकोण नागपुर के लोग समझ सकते थे, जिन्होंने कूड़े से कमाई का अजीबोगरीब प्रयोग देखा होगा; लेकिन देश के बाकी हिस्सों में न्यूज चैनल के दर्शकों या अखबार के पाठकों को इसमें कोई दिलचस्पी नहीं थी, कम-से-कम न्यूज-रूम की राय तो यही थी। नितिन गडकरी के 2015 के उस इंटरव्यू में 'वेस्ट टु वेल्थ' वाला चैप्टर बस आया-गया हो गया।

2016 की दीवाली और वह काली सुबह

2015 से ही दिल्ली में प्रदूषण अंतरराष्ट्रीय स्तर पर चर्चा में था। प्रदूषण के खतरनाक स्तर से निपटने के लिए दिल्ली की सरकार ने ऑड-ईवन फॉर्मूला लागू किया था, जिसकी विवेचना पर्यावरण विशेषज्ञों से लेकर आमजन के बीच जारी थी। इस बात में किसी को कोई शक नहीं था कि दिल्ली में वायु प्रदूषण की एक बड़ी वजह यह है कि दिल्ली और आस-पास के इलाके में कूड़ा प्रबंधन की कोई सुचारू व्यवस्था नहीं है। पंजाब, हरियाणा, राजस्थान और पश्चिमी उत्तर

प्रदेश के किसान धान और गेहूँ की फसल काटने के बाद डंठल खेतों में जला देते हैं, जिससे दिल्ली की हवा जहरीली हो जाती है। सड़कों पर बिखरा कूड़ा गाड़ियों के पहिए तले पिसता है और फिर धूल कण बनकर हवा में घुल-मिल जाता है। गाड़ियों और जनरेटर में इस्तेमाल होनेवाले डीजल के जलने से निकला धुआँ जहर बनकर लोगों के फेफड़ों में भरता है।

दिल्ली के प्रदूषण के बढ़ते स्तर के बीच ही 2016 की दीवाली आई। त्योहार मनाने के उत्साह में लोग यह भूल गए कि पहले से दूषित हवा में जब पटाखों से निकलने वाला धुआँ मिलेगा तो क्या होगा? दीवाली के पटाखों और प्रदूषण के संगम का परिणाम बहुत भयानक निकला। 2016 में दीवाली की अगली सुबह दिल्ली धुआँ भरे कोहरे की इतनी मोटी चादर में लिपट गई, जिससे बाहर निकलने में हफ्तों का समय लगा। इस दौरान लोगों का दम घुटता रहा। स्थिति इतनी भयावह थी कि सुप्रीम कोर्ट को दिल्ली और राष्ट्रीय राजधानी क्षेत्र के अधीन आनेवाले शहरों में पटाखों की बिक्री पर प्रतिबंध लगाना पड़ा।

2017 की दीवाली : याद आया गडकरी का मंत्र

2017 की दीवाली से ठीक पहले दिल्ली का प्रदूषण एक बार फिर अंतरराष्ट्रीय चर्चा और बहस का मुद्दा बन गया। दिल्ली में वायु प्रदूषण का स्तर भयावह था। सुप्रीम कोर्ट में पटाखों पर प्रतिबंध लगाने की याचिका पर सुनवाई चल रही थी।

सुप्रीम कोर्ट पहले तो पटाखा विक्रेताओं को प्रतिबंध से आंशिक छूट देने को तैयार हो गया; लेकिन पुनर्विचार की अपील के बाद सर्वोच्च न्यायालय ने साफ-साफ कहा कि दीवाली पर दिल्ली और राष्ट्रीय राजधानी क्षेत्र में पटाखे नहीं बेचे जाएँगे।

बिना पटाखों और आतिशबाजी के दीवाली कैसी? इस पर बहस छिड़ गई। आम लोग पटाखों का जुगाड़ करने और अपने घर की साफ-सफाई में जुट गए। घरों का कूड़ा सड़कों पर आने लगा और उसी दौरान पूर्वी दिल्ली नगर निगम के सफाई कर्मचारियों ने हड़ताल कर दी। सड़कों पर कूड़े का अंबार, सामने दीवाली का त्योहार, स्वच्छ भारत मिशन पर फिर सवालों की बौछार। एक बार फिर मेरे जेहन में वही सवाल जिंदा हो गया, जो 2014 में स्वच्छ भारत मिशन की शुरुआत के बाद पैदा हुआ था कि जब तक कूड़ा-कचरा निपटाने का स्थायी समाधान नहीं होगा, तब तक स्वच्छ भारत मिशन सफल कैसे होगा?

इस बार यह सवाल थोड़ा अलग अंदाज में कुलबुलाया। पहले पता नहीं था कि इसका जवाब कहाँ और किससे मिलेगा? इस बार सवाल के साथ-साथ 2015 में केंद्रीय मंत्री नितिन गडकरी के साथ साक्षात्कार में हुई बातें भी याद थीं।

नितिन गडकरी का वह इंटरव्यू मैंने मोदी सरकार के एक साल पूरा होने पर 24 मई, 2015 को किया था, जिसमें केंद्र सरकार की 12 महीने की उपलब्धियों, समसामयिक राजनीति के सवालों के साथ-साथ नितिन गडकरी ने नए भारत की

समृद्धि का नया मंत्र बताया था। उन्होंने कहा था—'किसान केवल क्रॉप पैटर्न पर डिपेंड न करें···मैं एक चीज़ पर काम करता हूँ, कभी आप देखने के लिए आइए। मैं दस साल से काम कर रहा हूँ कन्वर्जन ऑफ वेस्ट इन टु वेल्थ। मैंने नागपुर शहर के म्युनिसिपल कॉरपोरेशन के टॉयलेट का पानी 18 करोड़ रुपए में बेच दिया···; तो अभी 18 करोड़ रुपए टॉयलेट के पानी से मिलेंगे। मैंने कहा कि यह गलती हो गई तो मुझे मेयर कहने लगीं कि गलती क्या हो गई···। मैंने बोला, पानी बेचा तो हमारा गैस चला गया। अब उस पानी से मैं मीथेन निकालकर मीथेन से CO_2 अलग करके बायो सीएनजी लेकर 55 बसें उससे चला रहा हूँ। तो अब वेस्ट इन टु वेल्थ···। अभी हमारे यहाँ कॉटन है, कपास निकालने के बाद जला देते थे और हमने उसके पेलेट बनाए। मेरे पास अभी स्टोव है यहाँ, मैं बता दूँगा, वह पेलेट है, वह गैस हजार रेस्टोरेंट में चल रहा है, तो उससे नया रोजगार निर्माण होगा। तो टेक्नोलॉजी और इनोवेशन का उपयोग करके हम लोग ग्रामीण क्षेत्र के जीवन को सुसंयत कैसे बना सकते हैं।'

इस इंटरव्यू में नितिन गडकरी के मुँह से निकला अंग्रेजी भाषा का वह फ्रेज मुझे याद था—'वेस्ट टु वेल्थ'। मैंने तय किया कि 2017 की दीवाली पर धनतेरस के दिन हम अपने दर्शकों को 'वेस्ट टु वेल्थ' का फंडा ही दिखाएँगे और न सिर्फ दिखाएँगे, बल्कि ठीक से समझाएँगे। संशय सिर्फ एक था कि क्या देश के सबसे वरिष्ठ और व्यस्त मंत्रियों में शुमार नितिन गडकरी सिर्फ कूड़ा-कचरा साफ करने का तरीका बताने के लिए समय देंगे? क्या वे यह जानकर भी इंटरव्यू के लिए समय निकालेंगे कि मैं उनसे सरकार या राजनीति के बारे में कोई बात नहीं करूँगा? उनसे सिर्फ और सिर्फ कूड़े-कचरे की समस्या और उससे निपटने के तरीकों पर ही बात होगी?

खैर, नितिन गडकरी को मैंने इंटरव्यू के लिए समय देने का अनुरोध-पत्र भेजा। उनका उत्तर उम्मीद से भी पहले आया और जिस अंदाज में आया, उससे स्पष्ट हो गया कि 'वेस्ट टु वेल्थ' किस कदर उनके जीवन का ध्येय बन गया है। नितिन गडकरी ने कहा, 'दीपकजी, आप जिस विषय पर इंटरव्यू करना चाहते हैं, वह मुझे बहुत प्रिय है। आप आइए, मैं आपको बताऊँगा और दिखाऊँगा भी कि कैसे कूड़ा-कचरा समृद्धि का साधन बन सकता है।' तय समय पर मैं अपनी टीम के साथ नितिन गडकरी के आवास पर पहुँचा। नितिन गडकरी से उस दिन जो बातें हुईं, कूड़े-कचरे पर उन्होंने जो स्वयंसिद्ध ज्ञान दिया, वह विस्मयकारी था।

कल्पना से भी परे। नितिन गडकरी ने जो भी बताया और दिखाया, वह प्रधानमंत्री नरेंद्र मोदी के स्वच्छ भारत मिशन के संकल्प को सफल बनाने का सबसे कारगर विकल्प है। स्वच्छ भारत मिशन अगर शारीरिक स्वास्थ्य के लिए आवश्यक है, तो स्वच्छ भारत मिशन को सफल बनाने का फॉर्मूला 'वेस्ट टु वेल्थ' अर्थव्यवस्था को मजबूती देने, रोजगार सृजन और प्राकृतिक संसाधनों के संरक्षण एवं संवर्धन का जरिया बन सकता है। यह बात नितिन गडकरी से बात करने के बाद समझ में आई।

❑

कूड़े का अर्थशास्त्र

(17 अक्तूबर, 2017 को श्री नितिन गडकरी का इंटरव्यू)

दीपक—नितिनजी! धनतेरस आनेवाली है, दीवाली का माहौल हो जाएगा कुछ दिनों के अंदर। वेल्थ आए घर के अंदर, यह सब चाहते हैं। चाहे वह रोजगार करके आए, चाहे वह बिजनेस करके आए, चाहे वह किसी और चीज़ को करके आए, और हमारी इकोनॉमी में पहले से परंपरा रही है कि कबाड़ को भी सहेज करके रखो, कबाड़ी वाला आएगा, वह आपसे लेकर चला जाएगा, तो आज की तारीख में जो गीला वेस्ट, सूखा वेस्ट होता है, जो वेस्ट मैनेजमेंट का सिस्टम है,

पूरे देश में गड़बड़ाया हुआ है, हम स्वच्छता की बात तो करते हैं, लेकिन बेसिक इंफ्रास्ट्रक्चर की कमी का भी एहसास हमें होता है। कौन सी ऐसी इनोवेटिव योजना है, मैं एक-एक करके जानना चाहूँगा आपसे। सबसे पहले मैं जानना चाहूँगा कि गीले और सूखे कचरे को किस तरह से घर में इकट्ठा किया जाए, क्योंकि जो स्वीपर होता है, वह भी, माफ कीजिएगा स्वीपर शब्द गलत होगा, जो सफाई करनेवाला होता है, वह भी कहता है कि मैडम गीला कचरा मत दीजिए, मुझे सूखा कचरा दीजिए। हमको घर में इसे कैसे सेग्रीगेट (अलग) करना चाहिए?

गडकरी—देखिए, पहली बात तो यह कि मेरे घर पर ही मशीन लगी हुई है। जैसे घर में जो ऑर्गेनिक कचरा है, विशेष रूप से रात का कोई अन्न रहता है, उसको इकट्ठा करके मशीन में डालकर ऑर्गेनिक मनुर (जैविक खाद) तैयार होता है, जो मैं आपको दिखा दूँगा। घर में ऐसी छोटी-छोटी मशीनें, होटल में लग सकती हैं, घर में लग सकती हैं। सवाल क्या है कि कचरे में हम सब कचरा एक जगह डाल देते हैं। हमने किया है, ऑर्गेनिक वेस्ट अलग कर देनी चाहिए, प्लास्टिक की वेस्ट को अलग कर देना चाहिए, और मेटल वगैरह, ग्लास वगैरह है, उसको अलग कर देना चाहिए। इससे क्या होगा कि हम उसका अलग-अलग उपयोग कर सकते हैं। अभी अनेक शहरों में अवेयरनेस तैयार हो रहा है, और हर चीज़ का वैल्यू एडिशन हो सकता है। देखो, सबसे पहली बात है कि प्रधानमंत्रीजी ने जो स्वच्छता का अभियान चलाया, उससे देश में सोशल ऑर्गनाइजेशंस में,

एन.जी.ओ. में, स्कूल-कॉलेज में, लड़कों में बड़ी जागृति आई है। मीडिया का भी इसमें सहयोग है और इसलिए भी मैं यही बात लोगों से कहूँगा कि कचरे की वैल्यू क्रिएट कर दो। इससे रोजगार निर्माण होगा। मैं आपको विश्वास के साथ और जिम्मेदारी के साथ बता रहा हूँ कि कचरे की इकोनॉमी देश की 5 लाख करोड़ की इकोनॉमी बन सकती है और इस 5 लाख करोड़ की इकोनॉमी से कम-से-कम दो से ढाई लाख लोगों को डायरेक्ट रोजगार मिल सकता है। मैं ऐसे उदाहरण बताऊँगा आपको कि देश में ऐसे-ऐसे अच्छे प्रयोग कहाँ पर हुए हैं।

दीपक—सबसे पहले मैं शुरू करता हूँ नागपुर म्यूनिसिपल कॉरपोरेशन से, नागपुर आपकी कॉन्स्टिटुएंसी (चुनाव क्षेत्र) है, नागपुर आपका कर्मक्षेत्र भी रहा है, आपने अपनी पूरी राजनीति उसी इलाके से शुरू की और वहीं पर आप पले-बढ़े हैं। नागपुर ने सुना है कि वेस्ट से काफी कुछ कमाया है, नागपुर से मेरा मतलब नागपुर म्यूनिसिपल कॉरपोरेशन से है। तो ऐसी क्या योजना थी, जिसमें आपने सीवर के पानी को एनर्जी में कन्वर्ट कर दिया?

गडकरी—देखिए, पहली बात तो ऐसी है कि करीब 6-7 साल पहले हमारे नागपुर में पीने का पानी पेंच प्रोजेक्ट से आता है, उस पानी में कमी आई और वह पानी किसानों को भी चाहिए था, उनको भी नहीं मिल रहा था और हमें पीने के पानी की भी कमी हो गई; क्योंकि हमारे यहाँ कोराड़ी और खापरखेड़ा में 4 हजार मेगावॉट पावर जेनरेट होती है और पावर का भी उसमें रिजर्वेशन था पानी का। तो मैंने सोचा कि रिसाइकिलिंग किया हुआ पानी उसके लिए क्यों नहीं यूज करना चाहिए। और हमने पहला इनिशिएटिव लिया कि नागपुर शहर का जो टॉयलेट का पानी है, उसको हम रिसाइकिलिंग करके पावर जेनरेशन के लिए यूज करेंगे। हमारी मेयर और कॉरपोरेशन के कमिश्नर, दोनों को बुलाया हमने और जब मैंने कहा कि इस पानी को रिसाइकिलिंग करके बेचेंगे तो वे हँसने लगीं। बोलीं कि यह कैसे संभव है? फिर मैंने उनको आग्रह कर कहा कि ऐसा संभव है। आज हमारी म्यूनिसिपल कॉरपोरेशन 18 करोड़ रुपए की साल की रॉयल्टी कमा रही है और वह पानी कोराड़ी और खापरखेड़ा को भेज रहे हैं, इसके कारण पावर जेनरेशन हो रही है। उसका बड़ा फायदा यह हुआ कि जो पेंच का पानी आ रहा था, अब वह रिजर्वेशन उनका कम हो जाएगा तो कुछ पानी किसानों को मिलेगा और नागपुर को पीने के लिए पानी मिलेगा। तो मुझे लगता है कि यह कन्वर्जन ऑफ वेस्ट इन टु वेल्थ इसका उदाहरण है। अब वह पानी, अब उसमें नई टेक्नोलॉजी आई है। अब हम लोग उस पर प्रयास कर रहे हैं। एक कंसल्टेंट

हैं, वे भी आए हुए हैं। टेंडर भी हमने निकाला है। इस पानी से मीथेन निकालना है और मीथेन से CO_2 अलग करके बायो सीएनजी निकालना तथा उस बायो सीएनजी से नागपुर में 50 बसें चलाना। तो यह भी संभव है। उसके ऊपर भी हम काम कर रहे हैं। तो मेरा कहने का उद्‌देश्य यह है कि इनोवेशन, आंत्रप्रेन्योरशिप, टेक्नोलॉजी एंड रिसर्च, इससे हम कन्वर्जन ऑफ वेस्ट इन टु वेल्थ कर सकते हैं और इसलिए इस देश में एक बड़े परिमाण पर काम हो सकता है। अब गंगा में मैं 89 ऐसे प्रोजेक्ट कर रहा हूँ, जो शहरों के साथ जुड़े हुए हैं। गाँवों की बात, साढ़े चार हजार गाँवों के लिए अलग हैं प्रोजेक्ट, उनकी अलग टेक्नोलॉजी है। और उसी प्रोजेक्ट में अगर हम लोग मीथेन से CO_2 (कार्बन डाईऑक्साइड) अलग करके अगर बायो सीएनजी निकालेंगे तो गंगा के किनारे पर जितना सीवर है, कानपुर से लेकर लखनऊ से लेकर आगे सब शहरों का, वाराणसी तक, इसके आधार पर हम कम-से-कम 5 हजार बसें चला सकेंगे, उसी बायो सीएनजी पर, पॉल्यूशन फ्री, इंपोर्ट सब्सिट्यूट, कॉस्ट इफेक्टिव।

दीपक—मुझे यह बताइए कि आपने ये जो प्रोजेक्ट है, पायलट प्रोजेक्ट के तौर पर, मैंने सुना है कि नागपुर में इसे लॉन्च किया जाएगा जल्दी ही, उसका स्टेटस क्या है, वह थोड़ा बताइए...बस वाला...बस चलाने की जो बात है?

गडकरी—अभी क्या है कि ऑलरेडी हमने जो प्लांट लगाया है, उसमें से मीथेन निकलता है, वह मीथेन छोड़ देते हैं। मीथेन के बारे में हम...मीथेन में CO_2 है। मीथेन से CO_2 अलग करके हमको प्योर बायो सीएनजी मिलेगा और वह बायो सीएनजी हम सिलेंडर में भरकर गाड़ी में लगा देंगे, जैसे आपका सीएनजी चलता है। किट लगाकर डीजल की बस उस पर चलेगी। ऐसा हुआ है, इसकी ट्रायल भी हुई है। इसको एप्रूवल भी भारत सरकार ने दिया है। वह जो संस्था है, उसने इसके स्टैंडर्ड को भी पक्का किया है। आवश्यकता है, इस बात को आगे ले जाने की। पानी के बारे में भी रिसाइकिलिंग करके...अभी शुगर मिल है, टेक्सटाइल मिल है, पेपर मिल है, टैनरीज हैं या इंडस्ट्रियल एरियाज में पानी है, उसी पानी को रिसाइकिलिंग करके हम फिर यूज करें। हमारे यहाँ महाराष्ट्र में ऐसी शुगर मिलें हैं, उनका डिस्चार्ज जीरो डिस्चार्ज है। तो जीरो डिस्चार्ज के कारण वह पानी हम यूज करेंगे तो हम नहर का पानी नहीं लेंगे। तो नहर का पानी खेती को, पीने के लिए ज्यादा मिलेगा। इसलिए इसमें काफी बड़ा काम हो सकता है। अभी जैसे डिस्टिलरी है, उसमें से स्पेंट वॉश निकलता है, वो स्पेंट वॉश बॉयलर

में डालकर जलाया जाता है और उसे बॉयलर पर बिजली तैयार होगी तथा स्पेंट वॉश जलाने के बाद जो निकलता है, उससे सल्फर, पोटाश निकलता है और वह पोटाश और सल्फर जो है, वह एग्रीकल्चर के काम आएगा, ऑर्गेनिक खाद के रूप में। और जैसा मैंने आपको कहा कि कचरा है···अगर ऑर्गेनिक कचरा, मैं आपका इंटरव्यू होने के बाद आपको मशीन दिखाऊँगा, जो मेरे घर पर लगी है, उसी से खाद तैयार होता है। और बीच में आपको बताऊँ, अनंत कुमारजी हमारे मंत्री हैं, उनकी लड़की की शादी हुई, काफी अनाज···दो-तीन ट्रक अनाज ऐसा होगा कि वह रह गया। मैंने वह इकट्ठा करके मशीन में डालकर उसका खाद बनाया··· और इतना खाद निकला कि वह कितने ही पेड़ों के काम आ सकता है। उसकी एनपीके (नाइट्रोजन, फॉस्फोरस, पोटाश) वैल्यू अच्छी है। इसलिए इसके प्रयोजन हैं। जैसे प्लास्टिक है, इससे क्रूड पेट्रोल तैयार होता है। मैंने खुद प्रयोग किया है। जो पेट्रोल निकला, वो मैंने बेकरी के ओवन में डालकर देखा तो वो जलने लगा, ओवन जलने लगा। मुझे लगता है कि कोई भी चीज़ वेस्ट नहीं है। अभी मैं वडोदरा गया था। हम ही कर रहे हैं, ऐसा नहीं है। वडोदरा में मैं अपने रोड ट्रांसपोर्ट के कॉन्फ्रेंस में गया था, हर चौक पर पूरे कबाड़ को फाइन आर्ट्स के स्टूडेंट्स को और कॉलेजवालों को बताया। उन्होंने उससे शेर बनाया, उसके अलग डिजाइंस बनाए और पूरे वडोदरा के अनेक चौकों पर उस वेस्ट से देखने लायक स्टैचू, अच्छी-अच्छी चीज़ें तैयार हुईं। अभी यह वेस्ट पेपर है आपका, हमारे नागपुर में महिलाओं ने काम शुरू किया वेस्ट पेपर से पेपर का ट्रे बनता है, फोटो फ्रेम बन रही है, वेस्ट बास्केट बन रही है, इतनी सुंदर बनी है कि हम जो रद्दी समझकर पेपर बेचते हैं, उससे इतना अच्छा काम हुआ, आप देखोगे तो बहुत पसंद करोगे, मैं आपको जरूर प्रेजेंट करूँगा।

दीपक—मैं अपने दर्शकों को बता भी दूँ कि हमारी स्क्रीन की जो सेकंड विंडो होगी, उसमें बाकायदा जो आप हमें देनेवाले हैं, हम उसको दिखा भी रहे हैं। और दिखा रहे हैं कि ये एग्जांपल्स हैं···। जैसा आपने बताया वडोदरा, तो वडोदरा के एग्जांपल को मैं शूट करवाकर मँगाऊँगा और दिखाऊँगा।

गडकरी—अब आपको बताता हूँ एग्रो वेस्ट···। आपने दिल्ली के पॉल्यूशन की बात की, दिल्ली में पॉल्यूशन होता है, यह स्ट्रॉ जलाने से होता है। पूना में आईआईटी के तीन इंजीनियर हैं, उन्होंने एक प्रोजेक्ट तैयार किया है, जो अभी हम लोग हमारे यहाँ भी कर रहे हैं। उन्होंने यह जो आपका राइस स्ट्रॉ है, जिसे जलाने से यह पूरा पॉल्यूशन हो रहा है, उन्होंने उससे बायो सीएनजी तैयार किया

है और इस बायो सीएनजी से ट्रक तथा बसें पूना में चलती हैं। यह जो बायो मॉस है, यह जो आपका राइस स्ट्रॉ, व्हीट स्ट्रॉ, कॉटन स्ट्रा···इन सब एग्रो वेस्ट से हम बायो इथेनॉल बना सकते हैं। बायो इथेनॉल पर हमारे यहाँ नागपुर में 55 बसें चल रही हैं, सौ परसेंट बायो इथेनॉल पर। ये इंपोर्ट सब्सिट्यूट, कॉस्ट इफेक्टिव और पॉल्यूशन फ्री है। और दिल्ली के आजू-बाजू में यह बायो सीएनजी बनेगा तो दिल्ली की सब बसें, हरियाणा की बसें, उत्तर प्रदेश की बसें इस पर चलेंगी। पॉल्यूशन भी नहीं होगा और आज जो जलाया जा रहा है, जिसके कारण तकलीफ हो रही है, यह भी नहीं होगी। अब बायो सीएनजी के कारण जो डीजल जलाते हैं, उसके बदले में बायो सीएनजी की किट लगेगी और बायो सीएनजी चलेगा तो पॉल्यूशन कम होगा। मुझे लगता है कि यह कम-से-कम 5 लाख करोड़ की इकोनॉमी देश में बन सकती है। और एग्रो वेस्ट जो है, उसे जलाना नहीं चाहिए। उसको भी बायो सीएनजी में या बायो इथेनॉल में कन्वर्ट किया जा सकता है। अभी पेट्रोलियम मिनिस्ट्री···ये जो बाँस है···बंबू, ये पूरा नॉर्थ-ईस्ट में पड़ा है और एग्रो वेस्ट तथा बंबू से बायो इथेनॉल बना सकते हैं, बायो सीएनजी बना सकते हैं। अब मैं आपको एक शर्ट भेजूँगा। उसका डिजाइन भी नागपुर में बना है। इतना लाइट शर्ट है बंबू से बनाया हुआ है, सौ परसेंट बंबू से। आपकी कॉटन की शर्ट से भी हलका है और इतना मुलायम है कि आप देखते रह जाओगे। ये सब एग्रो वेस्ट, बंबू, यह फाइबर है। इससे कपड़ा बन सकता है, बंबू से फर्नीचर बन सकता है, एग्रो वेस्ट से गैस बन सकती है, बायो सीएनजी और ये सब वेस्ट मैटीरियल है। इसलिए कन्वर्जन ऑफ वेस्ट इन टु वेल्थ हमारा फ्यूचर है। अभी गाजीपुर (दिल्ली) में जो आपके कूड़े के पहाड़ में आग लग गई, मैं उसके पीछे पड़ा हूँ। इसको सेग्रीगेट करके दिल्ली-मेरठ एक्सप्रेस हाइवे प्रोजेक्ट का काम शुरू है, उसके नीचे एग्रीगेट डालना है, उसको डालो। लगभग एप्रूवल हो गया है। उसको सेग्रीगेट करने का खर्चा कौन उठाए, उसमें थोड़ा विवाद चल रहा है, पर मैं उसमें लगूँगा और उस कूड़े का उपयोग करूँगा। तो कचरा भी रोड के अंदर चला जाएगा तो एग्रीगेट की बजाय कचरा जाएगा तो आपको पहाड़ खोदना नहीं पड़ेगा।

दीपक—दूसरी बात मैं जानना चाहता हूँ कि क्या वाकई में ऐसे प्रोजेक्ट, जिनकी आप बात कर रहे हैं, जो सपना लगते हैं, ये नए भारत का सपना लगते हैं कि हम हमारी गंदगी को एक वेल्थ में बदल सकते हैं और ये वाकई ऐसे इनिशिएटिव हैं, जो कॉस्ट इफेक्टिव हैं क्या? कहीं ये इंप्रैक्टिकल तो नहीं हो जाएँगे?

गडकरी—सर! ये फोकट में हैं, कॉस्ट इफेक्टिव हैं। अब आप अन्यथा मत लें, बहुत मेरे मित्र हैं, जो कहते हैं मुझसे कि इस विषय पर मत बोलो, पर मैं बोलता हूँ। आपको मालूम है कि जो ह्यूमन यूरिन है, उसमें कितना नाइट्रोजन है, कितने प्रकार के केमिकल्स हैं? मैं अभी अक्तूबर में स्वीडन गया था। यूरिन पर रिसर्च करके उन्होंने फर्टिलाइजर बनाया है। आप मुझे बताइए कि अगर हर व्यक्ति की यूरिन को स्टोर करके एग्रीकल्चर में यूज करे तो? उसने हिसाब लगाया कि देश में 45 हजार करोड़ का यूरिया, जो केमिकल यूरिया हम लोग यूज कर रहे हैं, वह बंद हो सकता है। मुझे बताइए कि आज हमारा सीवेज वाटर जहाँ से जाता है, वहाँ गोभी होती है बड़ी-बड़ी, आखिर वही तो पानी उसको देते हैं। तो हम क्यों नदी को प्रदूषित करें? क्यों न उसका उपयोग करें! अभी यमुना में 80 एमएलडी वेस्ट है, गंदगी है। इंडियन ऑयल वालों ने उसको कन्वर्ट करके उस पानी को यूज करने का प्रोजेक्ट डाला है। तो उनको बाहर का अच्छा पानी लेने की जरूरत नहीं है। हम लोगों को रेलवे की गाड़ियाँ साफ करनी हैं, गंगा के किनारे बड़े-बड़े स्टेशन हैं। हम उसके लिए पानी यूज कर सकते हैं। इंडस्ट्री के लिए यूज कर सकते हैं। हम शुगर मिल के लिए यूज कर सकते हैं। इसलिए आज इस समय सबसे बड़ा प्रश्न है कि इकोनॉमी, इकोलॉजी यानी एन्वायरमेंट, ये हमारी सबसे बड़ी प्रायरिटी हैं और इथिक्स···। इथिक्स तो एजूकेशन से आएगा। इकोनॉमी तो हम डवलप कर रहे हैं। इकोनॉमी और एन्वायरमेंट जो है, वह कन्वर्जन ऑफ वेस्ट इन टु वेल्थ से होगा। इसी से रोजगार निर्माण होगा और अगर सब वातावरण शुद्ध हो गया, तो हमें डॉक्टर के पास जाने की जरूरत नहीं पड़ेगी, दवाई लेने की जरूरत नहीं पड़ेगी। हमारी हवा शुद्ध हो जाएगी। आज मैं आपको बताऊँ, अभी मैं यूएसए में था, सिएटल में मेरी लड़की के यहाँ इतनी शुद्ध हवा है कि जब मैं साँस लेता था तो लगता था कि मैं मिठाई खा रहा हूँ, इतनी शुद्ध हवा! और यहाँ दिल्ली में बैठता हूँ···मेरे यहाँ यह मीटर लगाया हुआ है, कितना प्रदूषण है? क्या हम इस देश को प्रदूषण से मुक्त नहीं कर सकते? क्या इस देश को हम कचरे से मुक्त नहीं कर सकते? एग्रीकल्चर में जो राइस स्ट्रॉ जलाते हैं, क्या इसका वैल्यू एडिशन नहीं कर सकते? मैं आपको बता रहा हूँ दीपकजी, जितनी बातें मैं बता रहा हूँ, हर बात जमीन पर दिखाने की मेरी तैयारी है। मैं कोई सपना नहीं दिखा रहा हूँ और ये कोई मेरा अचीवमेंट नहीं है। अलग-अलग लोग ये प्रयोग कर रहे हैं। देश में यह सब चल रहा है। आवश्यकता है इस बात को और एग्रेसिवली आगे ले जाने की। हर नगर परिषद् और कॉरपोरेशन अगर ऐसा करेगी, तो उनका

उत्पादन बढ़ेगा। मेयर की सरकारी गाड़ी उसी सीएनजी से चल जाएगी बायो सीएनजी पर। पेट्रोल-डीजल की जरूरत नहीं पड़ेगी।

दीपक—मैं आपसे यह जानना चाहता हूँ कि जैसे लोग कहते हैं कि यमुना के आस-पास जो गंदा पानी है, उससे जो सब्जियाँ उगती हैं, वे सब्जियाँ जहरीली हो जाती हैं। क्या इसमें भी कोई फैक्ट है?

गडकरी—देखिए, इसको टेस्ट करना चाहिए। पानी एकदम पॉल्यूटेड है, एकदम काला पानी, जैसे टैनरीज का पानी है, उससे खेती करेंगे तो शायद ये बातें आ सकती हैं, पर सब जगह ऐसा नहीं है। आज हमारे पास लैबोरेटरीज हैं, हम पानी को टेस्ट…अब मैं तो गंगा का काम कर रहा हूँ, पर गंगा के साथ 20 पूरक नदियाँ हैं, उसमें यमुना है। मैं दिल्ली सरकार, जल निगम इस पर काम कर रहा है, मैं चाहता हूँ, मैं उनको सहयोग करना चाहता हूँ, ताकि दिल्ली का पॉल्यूशन का पानी खत्म कर उस पानी को रिसाइकिलिंग करें। अब आप देखो, मेरे घर पर कितना बड़ा गार्डन है। मैं रोज फिल्टर्ड वॉटर अपने पेड़ों को देता हूँ। क्यों दे रहे हैं? नई दिल्ली में राष्ट्रपति भवन से लेकर इतने पेड़ हैं…इतना जंगल बना है, इतने गार्डंस हैं, ग्रीन एरियाज हैं, बगीचे हैं, इनको रिसाइकिल किया हुआ पानी देंगे तो स्वच्छ और शुद्ध पानी की बचत होगी। अच्छा पानी शुद्ध करने के लिए हम उसके ऊपर प्रोसेसिंग कर रहे हैं, उस पर कॉस्ट लगा रहे हैं और कॉस्ट लगाकर अच्छा पानी हम पेड़-पौधों को दे रहे हैं। इससे अच्छा है कि अगर हम रिसाइकिल किया हुआ पानी उसमें देंगे तो एनपीके की उसमें वैल्यू है तो और अच्छा है, फर्टाइल पानी है, उसका फायदा होगा। तो मुझे लगता है कि आने वाले समय में इस उद्यमशीलता को बढ़ाना चाहिए। अब मेरे यहाँ छोटी मशीन है, वैसी दस प्रकार की मशीनें हैं उस कंपनी की, अगर हमारे घर के कचरे से रोज हम घर पर ही खाद तैयार करेंगे, अब उस खाद को मैं अपनी खेती में यूज करता हूँ यहाँ, उसको अपने पेड़ों में डालता हूँ। मैं आपको फैक्टरी दिखाता हूँ, छोटी सी मशीन है…रोज खाद तैयार कर सकती है। मेरा कहना यही है कि हमारे देश में अब टेक्नोलॉजी बहुत आगे चली गई है। हम इससे ऑर्गेनिक खेती कर सकते हैं। प्लास्टिक, ग्लास, मेटल का रिसाइकिलिंग कर सकते हैं। मुझे लगता है कि इससे वेल्थ भी बनेगी, रोजगार भी निर्माण होगा और देश का भविष्य भी बनेगा।

दीपक—ऐसी कई सारी चीज़ें हैं, जैसे आपने इथेनॉल वाली बात कही, वो सिस्टम में अटकी पड़ी थी अभी तक। कई बार मैंने प्रधानमंत्री को बोलते सुना है कि हम इतना पेट्रोल बचाने के लिए इतना इथेनॉल को यूज करेंगे। तो क्या इसमें

जो अड़चन थी, वो अब खत्म हो गई है?

गडकरी—देखो, यह बात तो सही है कि अटल बिहारी वाजपेयीजी ने इसकी शुरुआत की थी कि पेट्रोल में इथेनॉल डाला जा सकता है···22 परसेंट। और नागपुर में जो बसें हैं एयरकंडीशंड, वे 100 परसेंट बायो इथेनॉल पर चलती हैं। अभी मैं एक कंपनी के पीछे लगा था। बाइक बनानेवाली बहुत बड़ी कंपनी है। यह मुझे 100 परसेंट बायो इथेनॉल पर चलने वाली बाइक दे रहे हैं। अगर इथेनॉल पर बाइक चली तो उत्तर प्रदेश में पूरा इथेनॉल है, कर्नाटक में इथेनॉल है, तमिलनाडु में इथेनॉल है, महाराष्ट्र में इथेनॉल है, सब किसान के लड़के इथेनॉल पर बाइक चलाएँगे। अब पेट्रोल का रेट 82-83 रुपए जाएगा, इथेनॉल का रेट 45 रुपए है, उसकी कैलोरी थोड़ी कम है। तो भी वो 55-60 रुपए···तो 20 रुपए प्रति लीटर की सेविंग होगी। इथेनॉल पॉल्यूशन को कम करता है, पेट्रोल की तुलना में अच्छा है।

दीपक—और हमको बाहर से पेट्रोल नहीं मँगवाना पड़ेगा या कम मँगवाना पड़ेगा?

गडकरी—बिल्कुल, इंपोर्ट सब्सिट्यूट, कॉस्ट इफेक्टिव और पॉल्यूशन फ्री···और इस देश के किसान को उसका फायदा जाएगा। इस देश का किसान गेहूँ-चावल उगाकर अपनी तकदीर नहीं बदल सकता। इस देश का किसान जब पेट्रोल-डीजल का अल्टरनेटिव तैयार करेगा, तब उसकी तकदीर बदल सकती है। डायवर्सिफिकेशन ऑफ एग्रीकल्चर टुवार्ड एनर्जी ऐंड पावर सेक्टर···मैं ब्राजील में गया, मैं अमेरिका में गया, मैं कनाडा गया, यही सब कंपनियाँ हैं, मर्सिडीज से लेकर बीएमडब्ल्यू, फोर्ड से लेकर फॉक्सवैगन, यही टोयटा, यही होंडा है···

नागपुर में अब सौ प्रतिशत इथेनॉल से चलाई जा रही हैं नगरीय बसें

वहाँ इनका फ्लेक्सी इंजन है। फ्लेक्सी इंजन का मतलब क्या है ? तुम पेट्रोल पंप पर जाओ, रेट देखो, एक तो उसी इंजन में 100 परसेंट इथेनॉल डालो या 22 परसेंट इथेनॉल पेट्रोल में डाला है, वो डालो, च्वाइस इज योर्स…अगर इथेनॉल सस्ता है तो इथेनॉल डालो, अगर पेट्रोल सस्ता है तो पेट्रोल डालो। मुझे बताओ, इस देश का किसान…मक्के से इथेनॉल बनता है, एग्रो वेस्ट से इथेनॉल बनता है, बंबम से इथेनॉल बनता है, ये राइस स्ट्रॉ से इथेनॉल बनता है, मुझे बताओ कितनी बड़ी क्रांति हो जाएगी…और ये अपने यहाँ राइस स्ट्रॉ जला रहे हैं, जिसके कारण सहारनपुर, हरियाणा, उत्तर प्रदेश की सीमा, पंजाब…ये सब अगर इथेनॉल बनेगा, बायो सीएनजी बनेगा तो यह तो नया ग्रोथ इंजन तैयार होगा, रोजगार निर्माण होगा, देश की तस्वीर बदल जाएगी और यह कोई बात मैं सपने की नहीं बोल रहा हूँ, मैं हर चीज़ आपको सिद्ध करके दिखाता हूँ कि यह टेक्नोलॉजी है, यह बना है, यह हो सकता है।

दीपक—अभी प्रधानमंत्रीजी इज़रायल गए थे तो वहाँ उन्होंने एक प्लांट देखा; वहाँ पर उसका पानी भी पिया, आपको याद होगा और आप भी कई बार बोलते हैं कि भई, लोग तो खारे पानी को मीठे में बदलते हैं, लेकिन हमारी परेशानी है कि हम चारों तरफ समुद्र से…मतलब बहुत बड़ा भू-भाग हमारा समुद्र से घिरा है, लेकिन अभी भी मुझे यह कहा जाता है कि खारे पानी को मीठा बनाने का जो प्लांट है, वह कॉस्ट इफेक्टिव नहीं है इंडिया के लिए। क्या यह हकीकत है ?

गडकरी—देखिए, तेल अवीव इज़रायल का शहर है, उसका 70 परसेंट ड्रिंकिंग वाटर समुद्र से सलाइन वॉटर से निकालते हैं, वह प्लांट मैं देखकर आया। उससे नमक निकलता है, पर उसका बिजली और जो खर्चा है, वह बहुत ज्यादा है। हमारा देश उसको अफोर्ड नहीं कर सकता, पर वह टेक्नोलॉजी है। आनेवाले दिनों में हमारे पास पानी की इतनी किल्लत होगी कि हम लोग…ऐसी शायद संभावना है, अब मुंबई शहर है, बाजू में समुद्र है। अब मुंबई के लिए डैम बनाना, उसके लिए खर्चा करना, मैंने एक सॉल्यूशन दिया था कि हम पुराने जहाज खरीदा करें, उस पर डिसलैनाइजेशन प्लांट लगाएँ। मुंबई को तीन दिशा में वे प्लांट लगाकर पीने का पानी रिलीज करें तो डैम पाइप लाइन की बजाय…वहाँ पर हैंगिंग गार्डन में एक बड़ी टंकी है। आप मुंबई में गवर्नर ऑफिस से सीधा आगे समुद्र के अंदर 2-3 किलोमीटर पर समुद्र के अंदर एक जहाज खड़ा कर दें और पानी डिसलैनाइजेशन का प्लांट लगा दें जहाज पर, वह पानी पाइप लाइन से हैंगिंग गार्डन की टंकी में डाल दें, पूरे साउथ मुंबई को पानी मिल जाएगा। क्यों इतनी पाइप लाइन डालना,

क्यों जाना, तो अब पानी की दिक्कत के लिए धीरे-धीरे हमको नए ऑप्शंस के लिए भी सोचना पड़ेगा।

दीपक—तो आपको लगता है कि यह जो आप इनोवेशंस बता रहे हैं···

गडकरी—एक चीज़···मालूम है कि आपको चेन्नई में डिसलैनाइजेशन का पानी आता है।

दीपक—आता है··· ?

गडकरी—हाँ, आता है, देखकर आया मैं वह प्लांट···हमारे पोर्ट के बाजू में ही है और उस डिसलैनाइजेशन प्लांट से चेन्नई में पानी जा रहा है।

दीपक—मतलब नमकीन पानी मीठा हो रहा है?

गडकरी—अरे मीठा है! पता ही नहीं कि वह तुम्हारे घर के पानी से अच्छा है, पीयो एक बार, मजाल क्या···पता ही नहीं लगेगा कि यह समंदर का पानी है। आप पहचान ही नहीं पाओगे, उल्टा उस पानी में उन्होंने ऐसे मिनरल्स डाले हैं कि पानी का टैस्ट नॉर्मल पानी से भी अच्छा लगता है।

दीपक—एक आखिरी सवाल···आपको लगता है कि इसके बारे में चेतना आने में, इस चीज़ को मेनस्ट्रीम में आने में कितना वक्त आपके हिसाब से लगना चाहिए। अगर सरकार और हमारी जो संस्थाएँ हैं, हमारे जो एनजीओ हैं, हमारे जो म्यूनिसिपल कॉरपोरेशंस हैं, हमारे जो आर.डब्ल्यू.ए. हैं, अगर वे इस पर लगे रहे तो? अगर एक आर.डब्ल्यू.ए. अपने पूरे कचरे के लिए आपने जो अपने घर में

प्लांट लगाया है, अगर वह लगा ले तो कितना बड़ा फर्क आएगा?

गडकरी—देखिए, आपको मैं एक बात बताता हूँ, मैं सबसे पहले आपको धन्यवाद देता हूँ। यह सब्जेक्ट मेरे हार्ट को टच करता है। ये कटे हुए बाल हैं न, इनसे मैंने अमीनो एसिड बनाया और यह इतना अच्छा चल रहा है कि मैं पाँच ट्रक बाल तिरुपति बालाजी से खरीदकर वहाँ उससे अमीनो एसिड बनाता हूँ। अब तीन अमीनो एसिड बेस्ड माइक्रोबेटिक्स बना रहे हैं। एग्रीकल्चर में ये ऑर्गेनिक इतना अच्छा प्लांट बूस्टर है कि 25 टके (प्रतिशत) ग्रोथ है। देखिए, मैं आपको बताना चाहता हूँ। मैं आपको धन्यवाद दूँगा। मैं बीजेपी का अध्यक्ष था, तब भी यह कहता था, लोग मुझे समझते नहीं थे, लोग कहते थे—क्या बोल रहा है, कैसे होगा? तब मैं कहता था, अब लोगों को धीरे-धीरे पता चल रहा है। मैं आपको धन्यवाद दूँगा कि मीडिया इसको प्रायॉरिटी दे रहा है। ये ऐसा है कि कन्वर्जन ऑफ वेस्ट इन टु वेल्थ। इसलिए हमारी यह लाइबिलिटी नहीं है, वेस्ट हमारा वेल्थ बढ़ाने के लिए उपयोगी हो सकता है, वेस्ट रोजगार बढ़ाने के लिए उपयोगी हो सकता है। वेस्ट की कमी होने के कारण हमारा स्वास्थ्य अच्छा हो सकता है। वेस्ट को वेल्थ में कन्वर्ट करने से हमको डॉक्टर के यहाँ जाने की जरूरत नहीं पड़ेगी। वेस्ट को अगर यूज करने से हमारी हवा शुद्ध होगी, हमारा पानी शुद्ध होगा तो हमारा जीवन अच्छा होगा। इसलिए टेक्नोलॉजी और इन्वायरमेंट, दोनों की दृष्टि से ये कन्वर्जन ऑफ वेस्ट इन टु वेल्थ अपने आप में बड़ा अभियान है। मैं आपको दिल से बहुत-बहुत धन्यवाद देता हूँ कि आपने इस विषय पर लोगों की चेतना जगाने का काम किया। लोगों के पास यह गया। मैं छोटा सा एक व्यक्ति हूँ, छोटा सा काम करता हूँ, दस साल से कर रहा हूँ...अकेले मेरे बस का रोग नहीं है। यह बहुत बड़ा काम है, पर इसी विचार पर जब लाखों लोग काम करेंगे, तो गांधीजी का और नरेंद्र मोदीजी का सपना पूरा होगा, यह देश स्वच्छ होगा, स्वच्छता अभियान चलाने की जरूरत नहीं पड़ेगी (हँसते हुए), लोग कचरे के लिए झगड़ा करेंगे। आपको पता है, ये जो पावर प्रोजेक्ट है, इसमें फ्लाई एश निकलती है। एक समय वह फ्लाई एश इतना पॉल्यूशन करती थी कि इसके कारण बड़े-बड़े 'एश बंड' (राख के पहाड़) बने थे, बहुत गंदगी होती थी। अब फ्लाई एश 35 परसेंट सीमेंट में जाती है, अब फ्लाई एश के मैटीरियल से ब्रिक्स (ईंट) बन रही हैं, बड़ी-बड़ी दीवारें बन रही हैं। चीन से टेक्नोलॉजी आई है। कंस्ट्रक्शन कॉस्ट कम हुई है। अब फ्लाई एश से रोड बन रहे हैं...। अब फ्लाई एश से हमारे यहाँ जो राइस स्ट्रॉ है, उससे फ्लाई एश बनती है, उसमें सिलिकॉन है। उस फ्लाई एश को कोई फोकट

में भी लेने के लिए तैयार नहीं था। सिलिकॉन 70 परसेंट निकल रहा है, उसकी कीमत 50 रुपए किलो है। तो मेरा कहना है कि हर चीज़ में अब इतना बदलाव आया है कि कई पावर प्रोजेक्ट में झगड़ा चल रहा है कि फ्लाई एश हमें चाहिए। ये जो ग्रीन प्रोजेक्ट है, राइस स्ट्रॉ, राइस हस्क के, इसकी फ्लाई एश की भी अब प्रोसेसिंग हो रही है। मुझे लगता है कि आने वाले समय में वेस्ट इन टु वेल्थ, इस पर रिसर्च करने की आवश्यकता है। इनोवेशन, आंत्रप्रेन्योरशिप, टेक्नोलॉजी यानी रिसर्च, जिसको हम नॉलेज कहते हैं, ज्ञान कहते हैं और कन्वर्जन ऑफ नॉलेज इन टु वेल्थ हमारे देश का भविष्य है। इसलिए मैं आपको आखिर में एक बात कहूँगा, 'नथिंग इज वेस्ट, यू कैन कन्वर्ट वेस्ट इन टु वेल्थ। इट इज डिपेंडिंग अपॉन टेक्नोलॉजी, रिसर्च, युअर लीडरशिप, युअर मैनेजेरियल स्किल्स'। जैसे हम कहते हैं न कि यह आदमी बहुत बेकार है, पर उसको अच्छा गुरु मिल जाता है, तो वह असामान्य व्यक्ति बन जाता है। तो मैं यही कहना चाहता हूँ कि वेस्ट को भी वेल्थ में कन्वर्ट किया जा सकता है। काफी रिसर्च हुआ है। नगर परिषद् के अध्यक्ष हों, म्यूनिसिपल कॉरपोरेशन के मेयर हों, कचरे का जो-जो लोग काम कर रहे हैं, वे अपने घर में ही इस प्रकार की योजना बनाकर, इस बात से प्रेरित होकर अगर काम करेंगे, तो महात्मा गांधीजी का स्वच्छता का सपना, हमारे प्रधानमंत्री नरेंद्र मोदीजी का सपना जल्द पूरा होगा। भारत स्वच्छ होगा, भारत में स्वास्थ्य अच्छा होगा, और इस देश में कचरे से लाखों-करोड़ों लोगों को रोजगार मिलेगा।

दीपक—बहुत-बहुत शुक्रिया नितिन गडकरीजी!

नितिन गडकरी का यह इंटरव्यू मेरे लिए एक नया अनुभव था। उन्होंने कूड़े-कचरे का जो अर्थशास्त्र समझाया, वह सचमुच अभिनव और अनूठा था। उन्होंने इंटरव्यू के बाद अपने घर में लगा वह संयंत्र भी दिखाया, जिससे उनके आवास में बचे-खुचे भोजन या जूठन, सब्जी और फलों के छिलके, लॉन में गिरने वाली पत्तियों से जैविक खाद बनती है। नितिन गडकरी ने इंटरव्यू के दौरान कूड़े-कचरे के जितने भी प्रयोग गिनाए थे, वे सब सच थे और यह जानना मेरे लिए भी सुखद आश्चर्य था कि नितिन गडकरी ने जो भी बताया है, उस पर पिछले दस साल से वे स्वयं अमल भी कर रहे हैं। यह आश्चर्य ही इस पुस्तक की पृष्ठभूमि बना। मुझे लगा कि देश की जनता, विशेषकर नगर पालिकाओं और नगर निगमों का प्रशासन चला रहे जन प्रतिनिधियों को यह

बात मालूम होनी चाहिए कि जिस कूड़े-कचरे के निस्तारण को वे नगर के लिए समस्या मान रहे हैं, वह समस्या है ही नहीं। समस्या सिर्फ दृष्टिकोण में है। अगर सभी जिम्मेदार लोग नितिन गडकरी की तरह दूरदर्शिता दिखाएँ और कचरे को समस्या की बजाय संसाधन बना लें तो कूड़ा-कचरा सड़कों पर नहीं बिखरेगा। कूड़ेदान की तलाश खत्म हो जाएगी, क्योंकि कचरा कूड़ेदान की सामग्री की बजाय बन जाएगा—कूड़ा धन!

❑

प्लास्टिक कचरे का टापू या पेट्रोल का भंडार?

अगस्त 1997 में अमेरिका के चार्ल्स मूर अपनी नौका से प्रशांत महासागर में रेस लगा रहे थे। दो हफ्ते के बाद उन्होंने अपनी नौका होनोलोलू से सांता बारबरा की ओर वापस मोड़ी। रास्ते में उन्होंने देखा कि प्रशांत महासागर में पॉलीथिन, प्लास्टिक के रैपर्स, प्लास्टिक की बोतलों से भरा एक टापू है। एक विशालकाय कूड़े का द्वीप प्रशांत महासागर में। चार्ल्स मूर ने उस विस्मयकारी टापू पर 2003 में एक लेख लिखा, जो 'नैचुरल हिस्टरी' मैगजीन में प्रकाशित हुआ। मूर साहब का अंदाजा था कि प्रशांत महासागर में प्लास्टिक के कचरे का वह टापू कम-से-कम टेक्सास शहर के आकार का तो रहा ही होगा।

पूरी दुनिया के पर्यावरण विशेषज्ञों ने इसे पॉलीथिन और दूसरे प्लास्टिक कचरे के भयावह संकट के तौर पर देखा और फिर भूल गए। इस संकट की ओर पूरी दुनिया का ध्यान 2006 में दोबारा गया। महासागरों की फोटोग्राफी करनेवाले कर्टिस इब्बेसमेयर नाम के व्यक्ति ने प्रशांत महासागर में तैरते प्लास्टिक के कचरे पर लॉस एंजिल्स टाइम्स में एक सीरीज छापी, जिसे उन्होंने 'ईस्टर्न गारबेज पैच' या 'पैसिफिक गारबेज पैच' नाम दिया था। कर्टिस ने बताया कि प्रशांत महासागर में प्लास्टिक कचरे का टापू टेक्सास शहर के दोगुने आकार का हो गया है। इस सीरीज के लिए कर्टिस को 'पुलित्जर पुरस्कार' भी हासिल हुआ।

लोग कर्टिस और प्रशांत महासागर में प्लास्टिक कचरे के टापू को फिर से भूल गए। इन दोनों का जिक्र 2013 में फिर हुआ, जब खबर आई कि प्रशांत महासागर में प्लास्टिक का टापू तो नहीं बना है, लेकिन लाखों टन प्लास्टिक का कचरा जलीय जीवन और पर्यावरण के लिए महासंकट में बदलता जा रहा है। भारत में कितने लोगों ने इस खबर को पढ़ा और उसकी गंभीरता को समझा, यह तो नहीं पता, लेकिन इस खबर ने हैदराबाद के मेकैनिकल इंजीनियर सतीश को सोच में डाल दिया। सतीश को यह पता था कि प्लास्टिक और पॉलीथिन का कचरा कुदरती तौर पर 500 से 1000

हैदराबाद में अपने संयंत्र में प्लास्टिक कचरे से ईंधन बनाते सतीश

हैदराबाद में प्लास्टिक कचरे से ईंधन बनाने का संयंत्र

साल में भी पूरी तरह नष्ट नहीं होता। इसलिए उन्होंने अपनी इंजीनियरिंग की पढ़ाई का इस्तेमाल किया और तय कर लिया कि वे इस समस्या को संसाधन में बदल देंगे।

55 रुपए लीटर पेट्रोल पैदा करने वाला कचरा

सतीश ने हैदराबाद में अपने बूते अपने विचार को प्रयोग में बदलने की ठान ली। उन्होंने प्लास्टिक के कचरे से पेट्रोल बनाने का प्रयोग शुरू किया। उन्होंने छोटा सा रिएक्टर बनाया। रिएक्टर में सतीश ने ऐसे प्लास्टिक कचरे को जलाया, जिसे रिसाइकिल तक नहीं किया जा सकता था। प्लास्टिक कचरे को कतरन में बदलकर जलाने के बाद उन्होंने उसे वाष्पीकरण (वेपराइजेशन) के जरिए तरल पदार्थ में बदला। उस तरल पदार्थ का परीक्षण किया, तो मालूम हुआ कि इसमें डीजल, पेट्रोल, विमान ईंधन तथा केरोसिन है और कुछ नहीं।

सतीश ने वह प्रयोग अगस्त 2015 तक पूरा कर लिया था। प्रयोग सफल रहा, सो उन्होंने अपने बनाए उपकरणों को एक बड़ी इमारत में शिफ्ट किया। बिना मशीनरी इंपोर्ट किए, खुद के बनाए उपकरणों से जनवरी 2016 से उन्होंने प्लास्टिक के कचरे की प्रोसेसिंग बड़े पैमाने पर शुरू कर दी। आज हैदराबाद में सतीश की कंपनी 'हाइड्रॉक्सी सिस्टम्स प्राइवेट लिमिटेड' का अच्छा-खासा बड़ा

सा प्लांट है, जहाँ वे हर महीने 30 टन प्लास्टिक से पेट्रोल-डीजल बना रहे हैं। सतीश के मुताबिक, उनके प्लांट में 500 किलोग्राम प्लास्टिक के कचरे से 350 लीटर डीजल, 120 लीटर हवाई जहाज का ईंधन और 40 लीटर पेट्रोल प्राप्त होता है। मैंने जब सतीश से उनके प्रोजेक्ट के बारे में बात की, तो उन्होंने बताया कि उनके प्लांट में न तो पानी का इस्तेमाल होता है और न ही धुआँ उगलने वाली कोई चिमनी लगी है। चिमनी की जरूरत ही नहीं है, क्योंकि वे जिस तकनीक से प्लास्टिक कचरा जलाकर डीजल-पेट्रोल बनाते हैं, उससे प्रदूषण नहीं फैलता। उनकी कंपनी में प्लास्टिक कचरे से तैयार होनेवाला ईंधन सौ प्रतिशत 'ग्रीन फ्यूल' है। उनकी कंपनी को पॉल्यूशन कंट्रोल बोर्ड ने जाँच के बाद मंजूरी दी है। उनकी कंपनी में प्लास्टिक से जो पेट्रोल-डीजल बनता है, उसके ग्राहक स्थानीय लोग और औद्योगिक इकाइयाँ भी हैं। खुद सतीश अपनी कार चलाने के लिए अपने ही प्लांट में बना पेट्रोल इस्तेमाल कर रहे हैं। उनको पेट्रोल बेचने के लिए पेट्रोलियम मंत्रालय से लाइसेंस लेने की जरूरत भी नहीं पड़ी, क्योंकि प्लास्टिक के कचरे से बननेवाला पेट्रोल-डीजल भारत की जैविक ईंधन नीति के तहत जैविक-कृत्रिम ईंधन (बायो सिंथेटिक फ्यूल) के दायरे में आता है। आपको शायद आश्चर्य होगा कि प्लास्टिक कचरे से जो पेट्रोल सतीश बनाते हैं, उसे 55 रुपए लीटर की दर से बेचते हैं। जी हाँ, पेट्रोल पंपों पर औसतन 70 रुपए लीटर बिकने वाले पेट्रोल जैसा ही गुण और कीमत 55 रुपए लीटर। सतीश के प्लांट में बना डीजल भी बाजार से बहुत सस्ता है। अपने पहले प्लांट की कामयाबी के बाद अब सतीश अपने कारोबार का विस्तार करने में जुटे हैं। उनका लक्ष्य 500 किलोलीटर क्षमता का प्लांट बनाना है।

सतीश जिस तकनीक से पेट्रोल-डीजल बना रहे हैं, उसकी एक और खासियत है। इस तकनीक में उसी प्लास्टिक कचरे का इस्तेमाल किया जाता है, जिसकी रिसाइकिलिंग भी संभव नहीं होती। इससे सतीश को प्लास्टिक का कचरा ढूँढ़ने में ज्यादा मशक्कत नहीं करनी पड़ती। उन्होंने बताया कि वे प्लास्टिक रिसाइकिलिंग करने वाली कंपनियों से संपर्क करते हैं और उनसे 'डेड प्लास्टिक वेस्ट' खरीद लेते हैं। प्लास्टिक का जो कचरा किसी के भी काम का नहीं, जो सिर्फ समस्या है, वही प्लास्टिक कचरा सतीश की तरकीब और तकनीक से सोना उगल रहा है। इस काम में सतीश को भारी-भरकम तकनीशियनों की जरूरत भी नहीं पड़ती। उनका प्लांट सिर्फ 6 लोगों की बदौलत चल रहा है और रोज 1000 किलो कूड़े से 1000 लीटर ईंधन पैदा कर रहा है।

और भी हैं हुनरमंद

जुलाई 2016 में मैंने दक्षिण भारत के अंग्रेजी दैनिक 'डेक्कन क्रॉनिकल' में एक खबर पढ़ी थी। सतीश की कामयाबी के बाद मुझे अचानक उस खबर की याद आई। खबर कुछ यों थी कि केरल के त्रिशुर जिले में वी.एस. श्रीजीत नाम के सज्जन ने प्लास्टिक कचरे से पेट्रोल बनाने का प्लांट बनाया है। वी.एस. श्रीजीत ने कई साल तक ठोस कचरा प्रबंधन के क्षेत्र में काम किया था। फिलहाल वे कोडंगल्लूर शहर में साइंस सेंटर के डायरेक्टर हैं। साइंस सेंटर स्थानीय छात्र-छात्राओं को वैज्ञानिक प्रयोगों के लिए प्रोत्साहन और मार्गदर्शन का काम करता है।

वी.एस. श्रीजीत ने पेरिंजनम पंचायत में प्लास्टिक कचरे से पेट्रोल बनाने का जो प्लांट लगाया, उसमें पाइरोलिसिस नाम की तकनीक का उपयोग होता है। पाइरोलिसिस वह तकनीक है, जिसमें एक खास चैंबर में किसी वस्तु या पदार्थ को बिना ऑक्सीजन के जलाया जाता है। श्रीजीत ने अपने प्लांट में 10 किलोग्राम प्लास्टिक कचरे से 9.6 लीटर पेट्रोल और दूसरे पेट्रोलियम पदार्थ का उत्पादन करने में कामयाबी हासिल की। इस प्लांट में उन्होंने प्लास्टिक जलाने के लिए एलपीजी का इस्तेमाल किया। चूँकि श्रीजीत प्लास्टिक से पेट्रोल बनाकर पर्यावरण बचाने का प्रयास कर रहे हैं, इसलिए उन्होंने तय किया है कि अपने प्लांट को वे बायोगैस से चलाएँगे।

केरल में प्लास्टिक कचरे से ईंधन बनाने का संयंत्र

तकनीक है, इरादे कमजोर

प्लास्टिक के कचरे पर चिंता जताने वाले इस देश में बहुतेरे हैं, फिर प्लास्टिक के कचरे से ईंधन बनाने की बात कोई क्यों नहीं सोच रहा? सतीश अपनी लगन से, अपने दम पर जो करिश्मा कर सकते हैं, उसका खयाल देश के पेट्रोलियम उद्योग को क्यों नहीं आ रहा? जबकि पेट्रोलियम का आयात करना बहुत खर्चीला सौदा है, यह बात सभी मानते हैं। मैंने सतीश से यह सवाल पूछा तो उन्होंने बताया कि प्लास्टिक के कचरे से सिंथेटिक फ्यूल बनाने की तकनीक थोड़ी पेचीदा है। खुद सतीश को खामियाँ दूर करने में करीब 5 साल का वक्त लगा। सतीश ने ही बताया कि देश की पेट्रोलियम कंपनियों ने प्लास्टिक कचरे से पेट्रोल-डीजल बनाने के लिए टेंडर निकाले, लेकिन किसी ने दिलचस्पी नहीं दिखाई। ज्यादातर लोगों को पता ही नहीं कि इसमें कौन सी तकनीक कारगर होगी, प्रोडक्शन कितना होगा? दरअसल, यह इंसानी फितरत का मामला है। हर कोई आसान काम करना चाहता है, जिसमें जोखिम न हो, जबकि हर कोई यह ज्ञान भी बाँटता रहता है कि 'नो रिस्क, नो गेन'। प्लास्टिक कचरे से पेट्रोल-डीजल बनाने में भी यही मानसिकता आड़े आ रही है। तकनीक मौजूद है, लेकिन उस तकनीक का इस्तेमाल करने का इरादा नदारद है। ज्यादातर लोगों के पास पूँजी और संसाधन नहीं हैं और जिनके पास पूँजी-संसाधन हैं, वे प्लास्टिक कचरे जैसे संसाधन को बेकार की चीज़ समझ रहे हैं।

पॉलीथिन पर पाबंदी विकल्प है क्या?

मैंने सतीश और श्रीजीत का उदाहरण आपको बताया, जिन्होंने प्लास्टिक के कचरे को समस्या की बजाय संसाधन बनाकर दिखा दिया। इन दोनों का उदाहरण मेरे संज्ञान में उस दौर में आया, जब प्लास्टिक कचरा पर्यावरण के लिए गंभीरतम समस्या के रूप में देखा जा रहा है। नगर निकायों में सीवर सिस्टम जाम होने की सबसे बड़ी वजह प्लास्टिक कचरा ही है। आए दिन ऐसी खबरें आती रहती हैं कि प्लास्टिक खाने से गायें और दूसरे पशु मर रहे हैं। प्लास्टिक कचरे के संकट से निपटने का कोई तरीका नहीं सूझता है तो सरकारी आदेश जारी हो जाता है कि पॉलीथिन पर पाबंदी लगा दी जाए। यह बड़ा प्रश्न है कि क्या पॉलीथिन पर प्रतिबंध लगाना ही इस समस्या से निपटने का कारगर विकल्प है? दरअसल, हम जब पॉलीथिन बैग पर पाबंदी लगाने की बात करते हैं तो इसका सीधा सा मतलब यही होता है कि हमारा नजरिया बहुत सीमित हो गया है। हम पॉलीथिन या प्लास्टिक बैग को सिर्फ कैरी बैग के रूप में देख रहे हैं। हम यह नहीं देख पा रहे कि आज ब्रेड से लेकर फ्रीज-टीवी तक की

पैकिंग प्लास्टिक और पॉलीथिन शीट्स में होती है। चिप्स से लेकर चॉकलेट तक पॉली पैक में ही आते हैं। किसानों के लिए खाद-बीज की पैकिंग के लिए प्लास्टिक का इस्तेमाल होता है। क्या इन सब पर प्रतिबंध लगाना संभव है ?

प्लास्टिक का उपयोग कितना व्यापक हो चुका है, इस बारे में अगर आप ध्यान से देखेंगे तो पता लग जाएगा कि अब प्लास्टिक और पॉलीथिन पर प्रतिबंध लगाना व्यावहारिक रूप से संभव ही नहीं है। इसकी कोई जरूरत भी नहीं है, क्योंकि प्लास्टिक उद्योग अपने आप में बहुत व्यापक है। प्लास्टिक और पॉलीथिन उद्योग देश की अर्थव्यवस्था के लिए कितना महत्त्वपूर्ण है, इसका विवरण फरवरी 2017 में फेडरेशन ऑफ इंडियन चैंबर्स ऑफ कॉमर्स ऐंड इंडस्ट्रीज (फिक्की) की रिपोर्ट में प्रकाशित हुआ है।

फिक्की के मुताबिक, प्लास्टिक उद्योग अब देश में सस्टेनेबल यानी दीर्घकालिक इन्फ्रास्ट्रक्चर निर्माण का सबसे बड़ा माध्यम है। घर से लेकर बाहर तक आपको कोई ऐसा कोना नहीं मिलेगा, जहाँ प्लास्टिक का किसी-न-किसी रूप में उपयोग न हो रहा हो। भारत तो आज भी प्लास्टिक के उपयोग के मामले में दुनिया के औसत से बहुत पीछे है। दुनिया में प्रति व्यक्ति प्लास्टिक का उपयोग 28 किलोग्राम है। अमेरिका में प्रति व्यक्ति प्लास्टिक की खपत 109 किलोग्राम है। यूरोप के देशों में 65 किलोग्राम प्रति व्यक्ति, चीन में 38 किलोग्राम प्रति व्यक्ति, जबकि भारत में सिर्फ 11 किलोग्राम प्रति व्यक्ति। प्लास्टिक इंडस्ट्री के विशेषज्ञों का आकलन है कि 2020 तक भारत में बुनियादी ढाँचे के विस्तार में 25 लाख करोड़ का निवेश होनेवाला है। सड़क, रेलवे, उड्डयन, सिंचाई, भवन निर्माण, रिटेल, पावर जैसे सेक्टर के विकास के लिए बड़े पैमाने पर निवेश होना है। इसमें प्लास्टिक उद्योग की बड़ी भूमिका होगी, क्योंकि आज कोई सेक्टर ऐसा नहीं है, जो प्लास्टिक के बिना काम चला सके। पैकेजिंग के बिना आज कोई उद्योग नहीं चल सकता और पैकेजिंग के लिए प्लास्टिक के अलावा कोई विकल्प नहीं है। फिर प्लास्टिक पर प्रतिबंध लगाना भला कोई विकल्प कैसे हो सकता है ?

भारत में प्लास्टिक उद्योग की शुरुआत हुए 60 साल बीत चुके हैं। इस दौरान देश में प्लास्टिक की प्रोसेसिंग करने वाली 30 हजार इकाइयाँ स्थापित हो चुकी हैं, जिनमें से ज्यादातर मझोली और छोटी इकाइयाँ हैं। बड़ी इकाइयाँ सिर्फ 200 हैं, जो प्लास्टिक के उपकरणों का निर्माण करती हैं और 15 कंपनियाँ ऐसी हैं, जो पॉलीमर बनाती हैं। प्लास्टिक उद्योग के विकास दर का अंदाजा इस बात से लगाया जा सकता है कि साल 2005 में देश में प्लास्टिक की प्रोसेसिंग का कुल कारोबार 35 हजार

करोड़ रुपए का था, जो 2015 में एक लाख करोड़ रुपए के पार पहुँच गया। इस उद्योग में 11 लाख लोगों को रोजगार मिला हुआ है। फिक्की का अनुमान है कि 2020 तक प्लास्टिक उद्योग में सालाना 10–11 प्रतिशत की दर से वृद्धि होनी तय है।

समस्या प्लास्टिक नहीं, सोच में है

अब प्लास्टिक उद्योग अगर इतनी संभावनाओं से भरा है। इतनी तेजी से विकसित हो रहा है तो जाहिर है कि प्लास्टिक से पैदा होनेवाली पर्यावरण की समस्या तो बढ़नी निश्चित है। इसलिए निश्चित है, क्योंकि हम दूसरे कचरे की तरह प्लास्टिक को भी समस्या के रूप में ही देख रहे हैं, संसाधन के रूप में नहीं। हम प्लास्टिक की समस्या पर चिंतन-मंथन करते समय सोचते ही नहीं कि असल दिक्कत हमारी सोच में है, जबकि यह बात प्लास्टिक उद्योग के विशेषज्ञ बार-बार बता चुके हैं कि प्लास्टिक की रिसाइकिलिंग संभव है। हर तरह के प्लास्टिक को कम-से-कम 6 बार रिसाइकिल करके पुनः प्रयोग में लाया जा सकता है। फिक्की ने फरवरी 2017 की अपनी रिपोर्ट में भी बताया है कि भारत में आज भी प्लास्टिक उद्योग में 30 प्रतिशत रिसाइकिल्ड प्लास्टिक का इस्तेमाल हो रहा है और इस काम में 4 हजार इकाइयाँ संलग्न हैं। प्लास्टिक को पर्यावरण के लिए दैत्य बताया जाता है, जबकि सच्चाई यह है कि प्लास्टिक से सामान बनाने में सामान्य से 25 प्रतिशत कम ऊर्जा लगती है। प्लास्टिक के सामान बनाने में कार्बन डाइऑक्साइड का उत्सर्जन कम होता है।

यह बात सत्य है कि सामान्य प्लास्टिक प्राकृतिक तौर पर विघटित नहीं होता। इसे मिट्टी में गहरा दफन कर दें तो भी हजार साल में भी प्लास्टिक नष्ट नहीं होता। यह समस्या तो है, लेकिन इसका समाधान भी है। फिक्की की रिपोर्ट में बताया गया है कि अगर प्लास्टिक को रिसाइकिल करने पर ध्यान दिया जाए और प्लास्टिक कचरे का प्रबंधन ठीक से हो तो फिर प्लास्टिक से बेहतर विकल्प कुछ नहीं है।

प्लास्टिक कचरे का कमाल

आप सोच सकते हैं कि प्लास्टिक उद्योग से जुड़े लोग अपना धंधा चमकाने के लिए अच्छी-अच्छी बातें कर रहे हैं, ताकि प्लास्टिक से पर्यावरण को होनेवाले नुकसान से ध्यान भटकाया जा सके। लेकिन यह सोच भी गलत है। प्लास्टिक के कचरे को वाकई करोड़ों-अरबों के कारोबार का कच्चा माल बनाया जा सकता है, यह बात भारत और दुनिया में कई लोगों ने साबित कर दी है। आज ऐसे कई लोग हैं, जिन्होंने प्लास्टिक के कचरे से कमाल कर दिखाया। प्लास्टिक के कचरे से अरबों रुपए का कारोबार खड़ा कर दिया।

जून 2013 में 'बिजनेस टुडे' मैगजीन ने रूपिंदर सिंह अरोड़ा की कहानी प्रकाशित की थी। रूपिंदर सिंह अरोड़ा उन गिने-चुने भारतीयों में हैं, जिन्होंने प्लास्टिक के कचरे से आर्थिक साम्राज्य बनाने की बात सबसे पहले सोची। रूपिंदर सिंह अरोड़ा की कंपनी 'अरोड़ा फैब्रिक्स' आज से नहीं, बल्कि 1994 से प्लास्टिक की बेकार बोतलों से पॉलीस्टर के कपड़े बनाती है। जी हाँ, प्लास्टिक के उन्हीं बोतलों से, जिनमें कोल्ड ड्रिंक्स और मिनरल वाटर बिकता है, जिन्हें पीकर हम बोतलों को ऐसे फेंकते हैं, मानो इससे बेकार की चीज़ कोई नहीं। रूपिंदर सिंह अरोड़ा ने प्लास्टिक की 'पेट' (पॉली इथिलिन टेरेफ्थेलेन) से कपड़ा बनाने की तकनीक हासिल करने के लिए दक्षिण कोरिया की कंपनी मिजुन से करार किया। 1994 में उन्होंने गुजरात के पास केंद्र शासित क्षेत्र दादरा और नागर हवेली के सिलवासा में पहला प्लांट लगाया, जिसकी लागत 9 करोड़ 60 लाख रुपए थी। इस प्लांट से पॉलीस्टर फैब्रिक बनाकर उन्होंने 2012-13 में 34 करोड़ का कारोबार किया था, जिसमें हर साल बढ़ोतरी हो रही है। उस वक्त उनके प्लांट में सालाना 18 हजार टन प्लास्टिक की प्रोसेसिंग होती थी, जो अब बढ़कर 48 हजार टन हो चुकी है।

आपको यह जानकर शायद आश्चर्य हो कि प्लास्टिक के कचरे से, पेट बोतलों और डिब्बों से जो पॉलीस्टर फैब्रिक इस्तेमाल होता है, उसी से बनी जर्सी पहनकर भारतीय क्रिकेट टीम ने 2015 के वर्ल्ड कप में हिस्सा लिया था। यह बात नेशनल केमिकल लैबोरेटरी के पॉलीमर साइंस विभाग के अध्यक्ष डॉक्टर आशीष लाल ने

फरवरी 2017 में बताई थी। उस जर्सी की क्वॉलिटी इतनी अच्छी थी कि टीम इंडिया अब तक प्लास्टिक कचरे से बने फाइबर के कपड़े पहन रही है।

प्लास्टिक के कचरे से कारोबार शुरू करने के लिए हैदराबाद के मणि वाजीपे और उनके दोस्त राज मदनगोपाल ने अमेरिका में अच्छी-खासी नौकरी छोड़ दी। मणि वाजीपे ने अपनी पढ़ाई-लिखाई भी अमेरिका में ही की थी। उन्होंने आंध्र प्रदेश के वारंगल से इलेक्ट्रिकल इंजीनियरिंग में बी.टेक. करने के बाद अमेरिका की डेलवेयर यूनिवर्सिटी से एम.टेक. किया, कोलंबिया बिजनेस स्कूल और फिर यूनिवर्सिटी कॉलेज ऑफ बर्कले से डबल एम.बी.ए. की डिग्री ली। अमेरिका की बड़ी कंपनी क्वॉलकॉम में मोटी सैलरी पर नौकरी भी मिल गई थी, लेकिन मणि का मन लगा भारत में प्लास्टिक कचरे के कारोबार में। उन्होंने अमेरिका में ही डेलवेयर यूनिवर्सिटी के अपने सहपाठी और मेकैनिकल इंजीनियरिंग में मास्टर डिग्री लेकर वोल्टारी कॉर्प में नौकरी करने वाले राज मदनगोपाल से बात की। दोनों ने तय किया कि अब नौकरी नहीं करेंगे, कबाड़ से कारोबार खड़ा करेंगे। इसी सोच के साथ उन्होंने भारत लौटकर 'बनयान नेशन' के नाम से स्टार्ट अप शुरू किया। बनयान नेशन का पहला प्लांट 2016 में हैदराबाद से 35 किलोमीटर दूर पाटनचेरू में चालू हुआ। मणि की कंपनी प्लास्टिक के कचरे को रिसाइकिल करके उसी से उम्दा किस्म के प्लास्टिक के पेलेट बनाती है, जिनका इस्तेमाल पैकिंग मैटीरियल बनाने में होता है। इस कारोबार में अपार संभावनाएँ देखते हुए देश-विदेश के निवेशकों ने 2016 में 6 करोड़ का पूँजी निवेश किया, जिससे बनयान नेशन अपने कारोबार का विस्तार करने में जुटा है।

प्लास्टिक कचरे में संभावनाएँ अपार हैं

भारत में प्लास्टिक कचरे को रिसाइकिल करने के कारोबार में संभावनाएँ बहुत व्यापक हैं। भारत में अब धीरे-धीरे पेट (PET) बोतलों और डिब्बों को लेकर जागरूकता बढ़ी है। पेट कचरा यानी प्लास्टिक की बोतलों और डिब्बों को लोग अब कम फेंकते हैं। कबाड़ी वाला प्लास्टिक के बोतलों और डिब्बों को 8-10 रुपए किलो में खरीद लेता है, जिनकी रिसाइकिंग करके प्लास्टिक के पेलेट और फैब्रिक का निर्माण हो रहा है। अच्छी बात यह है कि पेट बोतलों और डिब्बों की रिसाइकिलिंग के मामले में भारत ने अमेरिका, जापान और यूरोप को पीछे छोड़ दिया है। काउंसिल फॉर साइंटिफिक ऐंड इंडस्ट्रियल रिसर्च और नेशनल केमिकल लैबोरेटरी ने फरवरी 2017 में एक रिपोर्ट जारी की थी, जिसमें बताया गया था कि भारत में हर साल 900 किलो टन पेट का निर्माण होता है, जिसका 90 फीसदी हिस्सा रिसाइकिल हो जाता है—65

प्रतिशत रजिस्टर्ड रिसाइकिल्ड प्लांट में, 15 प्रतिशत असंगठित क्षेत्र में और बाकी का 10 प्रतिशत घरेलू इस्तेमाल में, जबकि जापान में 'पेट वेस्ट' की रिसाइकिलिंग 72.1 प्रतिशत, यूरोप में 48.3 प्रतिशत और अमेरिका में 31 प्रतिशत ही हो पा रही है। प्लास्टिक के बाकी डिब्बे और बोतल यों ही लैंडफिल साइट्स पर, नालों में, नदियों में, तालाबों में, समंदर के किनारे फेंक दिए जाते हैं।

यूनाइटेड नेशंस इन्वायरमेंट प्रोग्राम (यू.एन.ई.पी.) का आकलन है कि पूरी दुनिया में हर साल 30 करोड़ टन प्लास्टिक का इस्तेमाल हो रहा है, जिसमें से एक करोड़ 30 लाख टन प्लास्टिक महासागरों में चला जाता है। इससे पर्यावरण को 1300 करोड़ डॉलर के बराबर नुकसान हो रहा है। ग्रीनपीस ने 2016 में इस बात पर चिंता जताई थी कि महासागरों में बढ़ते प्लास्टिक कचरे से हर साल एक लाख जलीय स्तनपायी जीव अपनी जान गँवा रहे हैं। लाखों परिंदे और मछलियाँ दम तोड़ रही हैं। इससे पारिस्थितिक (ईको सिस्टम) को गंभीर खतरा पैदा हो गया है। परेशानी वाली बात यह है कि विकसित देशों में भी लोग प्लास्टिक कचरा फेंकने में अक्षम्य लापरवाही बरत रहे हैं, जबकि हर देश में ऐसे उदाहरण सामने हैं कि प्लास्टिक कचरे को भी मानवता की बेहतरी के लिए इस्तेमाल किया जा सकता है। इसे रोजगार निर्माण का संसाधन बनाया जा सकता है। इससे करोड़ों-अरबों रुपए का उद्योग चलाया जा सकता है।

प्लास्टिक कचरे से ईंधन की देसी तकनीक

भारत में प्लास्टिक कचरे से पेट्रोल-डीजल बनाने की बात अब व्यक्तिगत प्रयोगों तक सीमित नहीं है। इस बात पर संस्थागत मुहर लग चुकी है कि प्लास्टिक कचरा पेट्रोल-डीजल बनाने के काम आ सकता है। इसके लिए विदेश से आयातित तकनीक की भी आवश्यकता नहीं है। तकनीक हमारे देश में ही विकसित हो चुकी है। अगस्त 2017 में भारत सरकार के विज्ञान और प्रौद्योगिक मंत्रालय ने लोकसभा में जानकारी दी थी कि काउंसिल फॉर साइंटिफिक ऐंड इंडस्ट्रियल रिसर्च (CSIR) ने हैदराबाद के इंडियन इंस्टीट्यूट ऑफ केमिकल टेक्नोलॉजी के साथ मिलकर एक कैटलिस्ट की खोज की है, जिसकी मदद से 'प्लास्टिक वेस्ट' को पेट्रोल-डीजल में बदला जा सकता है। सी.एस.आई.आर. और देहरादून के इंडियन इंस्टीट्यूट ऑफ पेट्रोलियम ने गैस अथॉरिटी ऑफ इंडिया लिमिटेड के साथ मिलकर पॉलीइथेलिन (पॉलीथिन) और पॉलीप्रोपिलिन जैसे प्लास्टिक से डीजल और पेट्रोल बनाने की प्रक्रिया विकसित कर ली है। इस नई तकनीक से एक किलोग्राम पॉलीथिन और

हैदराबाद में प्लास्टिक कचरे से बना ईंधन

पॉलीप्रोपिलिन को रिसाइकिल करके 600-650 मिलीलीटर पेट्रोल या 700-750 मिलीलीटर डीजल बनाने में कामयाबी मिली है। साथ ही इस प्रक्रिया में लिक्विड पेट्रोलियम गैस (एलपीजी) अलग से पैदा हो रही है।

प्लास्टिक कचरा दूर करेगा पेट्रोल की किल्लत

इस तकनीक का इस्तेमाल करने के बाद प्लास्टिक कचरा कितने बड़े पैमाने पर कमाल दिखा सकता है, इसका बड़ा दिलचस्प आँकड़ा प्रधानमंत्री नरेंद्र मोदी की प्रिय वेबसाइट 'www.mygov.in' पर दिया गया है। तमिलनाडु में मछलीपट्टनम के रहनेवाले किशोर दुव्वुरी ने बताया है कि अगर भारत में विकसित प्लास्टिक से डीजल-पेट्रोल बनाने के लिए 50 टन क्षमता के 2 प्लांट लगाए जाएँ तो रोज 100 टन प्लास्टिक कचरे से मुक्ति मिलेगी। इससे 80 हजार लीटर डीजल का उत्पादन प्रतिदिन होगा। अगर ये प्लांट एक साल में 350 दिन चलाए जाएँ तो साल में 2 करोड़ 80 लाख लीटर डीजल बनेगा। अगर आज के औसत रेट की बात की जाए तो डीजल 55 रुपए लीटर बिक रहा है। प्लास्टिक के कचरे से डीजल की उत्पादन लागत ज्यादा से ज्यादा 25 रुपए लीटर होगी। इस हिसाब से देखें तो प्लास्टिक के कचरे से 100 टन क्षमता के प्लांट में जो 2 करोड़ 80 लाख डीजल

बनेगा, उसकी लागत 70 करोड़ रुपए ही होगी, जबकि अभी हम उतना ही डीजल 154 करोड़ रुपए में खरीद रहे हैं। मतलब अगर सरकार कोई सब्सिडी न भी दे तो रोज 100 टन प्लास्टिक कचरे से साल में 2 करोड़ 80 लाख लीटर डीजल बनाकर भी हम 84 करोड़ रुपए के फायदे में रहेंगे।

भारत में अब तक जितने लोगों ने भी प्लास्टिक कचरे से डीजल-पेट्रोल बनाने में सफलता हासिल की है, उन सबका मानना है कि प्लास्टिक कचरे की जितनी भी मात्रा होगी, उसके 70 से 80 प्रतिशत हिस्से को पेट्रोलियम उत्पाद में बदला जा सकता है। केंद्रीय प्रदूषण नियंत्रण बोर्ड ने 2013 में एक बताया था कि भारत में रोजाना 15 हजार 342 टन प्लास्टिक कचरा फेंका जाता है। इसमें से 60 प्रतिशत हिस्से की रिसाइकिलिंग हो पाती है, बाकी का 40 फीसदी प्लास्टिक कचरा धरती को, शहरों के सीवर सिस्टम को, नदियों को, समंदर को बरबाद करने के लिए वैसे ही फेंक दिया जाता है। मैंने पहले ही बताया कि आज भी ज्यादातर रिसाइकिलिंग पेट बोतलों और डिब्बों की ही होती है। पॉलीथिन और पैकिंग में इस्तेमाल होने वाले प्लास्टिक को कबाड़ी वाला भी नहीं पूछता। अब अगर हम उस 40 प्रतिशत प्लास्टिक कचरे को पेट्रोल में बदलने में कामयाब हो जाएँ तो इसका सीधा मतलब यही होगा कि हम 2013 के आँकड़े के आधार पर रोज 6136 टन प्लास्टिक को रिसाइकिल कर सकेंगे। उससे पेट्रोलियम पदार्थ बना सकेंगे। प्लास्टिक से डीजल-पेट्रोल की रिकवरी की दर अगर हम 70 प्रतिशत भी मान लें तो 6136 टन प्लास्टिक कचरे से रोज 4296 किलो लीटर डीजल का उत्पादन संभव है।

आयरलैंड का उदाहरण हम कब समझेंगे ?

प्लास्टिक से पेट्रोल-डीजल बनाने की कल्पना हवा-हवाई नहीं है। भारत के लिए ये नया अजूबा हो सकता है, लेकिन आयरलैंड में प्लास्टिक कचरे से 2010 से ही पेट्रोल-डीजल और केरोसिन का औद्योगिक उत्पादन हो रहा है। आयरलैंड में प्लास्टिक से पेट्रोल-डीजल बनाने का काम 'सायनार' नाम की कंपनी ने शुरू किया था। शुरुआत में कंपनी के प्लांट में 10 टन प्लास्टिक के कचरे की प्रोसेसिंग शुरू हुई। सायनार के प्लांट में एक टन प्लास्टिक कचरे से 700 लीटर डीजल, 200 लीटर पेट्रोल और 100 लीटर डीजल का उत्पादन होता था। उसी साल यानी 2010 में ही सायनार कंपनी के ब्रिटेन की प्रमुख रिसाइकिलिंग और रिसोर्स मैनेजमेंट कंपनी सीटा यूके ने करार किया। ब्रिटेन में सायनार और सीटा यूके ने साझा तौर पर 10 प्लांट बनाने का समझौता किया, जहाँ 60 हजार टन प्लास्टिक कचरे की प्रोसेसिंग

आयरलैंड की सायनार कंपनी का प्लास्टिक कचरे से ईंधन बनाने का संयंत्र

प्रस्तावित थी। सायनार कंपनी आज की तारीख में आयरलैंड के पोर्ट लुईस और स्पेन के एल्मीरा तथा सेविले में प्लास्टिक कचरे से पेट्रोल-डीजल बनाने का काम बहुत कामयाबी से कर रही है।

किस तरह के प्लास्टिक से बनता है पेट्रोल ?

जिन लोगों ने अब तक प्लास्टिक से डीजल और पेट्रोल बनाया है, उनका कहना है कि पीवीसी और पीईटी के अलावा जितने भी प्रकार का प्लास्टिक कचरा होता है, उससे पेट्रोल-डीजल बनाया जा सकता है। अच्छी बात यह है कि प्लास्टिक कचरे से पेट्रोल-डीजल बनाने के लिए 'डेड प्लास्टिक' का इस्तेमाल होता है, मतलब ऐसे प्लास्टिक कचरे का, जिसको रिसाइकिल भी नहीं किया जा सकता। पेट्रोल-डीजल बनाने के लिए पॉलीथिन, पैकिंग में इस्तेमाल होने वाली प्लास्टिक, एचपीडीई और एलडीपीई का इस्तेमाल आराम से किया जा सकता है।

हो सकता है कि कुछ पाठकों को प्लास्टिक की किस्मों के बारे में पता न हो। उनकी जानकारी के लिए बता दूँ कि प्लास्टिक एक दर्जन से ज्यादा प्रकार के होते हैं, जिनकी संरचना और उपयोग अलग-अलग हैं। इनमें एक होता है पॉलीएमाइड्स या पीए, जिसे सामान्य बोलचाल की भाषा में नाइलॉन कहा जाता है। इसका प्रयोग टूथब्रश बनाने, मछली पकड़ने का जाल बनाने में होता है। दूसरा होता है पॉलीकॉर्बोनेट या

पीसी, जिससे कॉम्पैक्ट डिस्क यानी सीडी, चश्मे, दंगा रोकनेवाले सुरक्षा बलों के लिए शील्ड, खिड़कियाँ और ट्रैफिक सिग्नल की बत्तियों का कवर बनाने में होता है। तीसरे तरह के प्लास्टिक का नाम है पॉलिएस्टर, जिसे पीईएस कहा जाता है। इससे फाइबर और फैब्रिक्स यानी कपड़े बनते हैं। चौथा होता है पॉलीइथिलिन यानी पीई, जिसे आम भाषा में पॉलीथिन कहा जाता है। वही पॉलीथिन, जिससे कैरी बैग बनते हैं, चिप्स, बिस्कुट, चॉकलेट की पैकिंग होती है। उच्च घनत्व (हाई डेंसिटी) वाले पॉलीइथिलिन से दूध के जग, डिटर्जेंट की बोतल और प्लास्टिक के डिब्बे बनते हैं। कम घनत्व (लो डेंसिटी) वाले पॉलीइथिलिन से आउटोर फर्नीचर, शॉवर के परदे, फ्लोर टाइल्स बनती हैं। प्लास्टिक की एक और किस्म को पॉलीइथिलिन टेरेफ्थैलेट या पीईटी कहा जाता है। पीईटी से कोल्ड ड्रिंक्स की बोलतें, जार, प्लास्टिक फिल्म और माइक्रोवेव में इस्तेमाल किए जानेवाले डिब्बे बनते हैं। एक होता है पॉलीप्रोपिलिन या पीपी, जिससे बोतल के ढक्कन, तरल पदार्थ पीने में इस्तेमाल होने वाले स्ट्रॉ, कार के बंपर और प्रेशर सिस्टम में इस्तेमाल होनेवाली पाइप बनती है। एक होता है पॉलीस्टिरिन या पीएस, जिससे फूड कंटेनर, प्लास्टिक के बरतन, डिस्पोजेबल कप, कॉम्पैक्ट डिस्क और कैसेट बॉक्स बनते हैं। पॉलीस्टिरिन का ही एक रूप हाई इंपैक्ट पॉलीस्टिरिन है, जिससे फ्रिज के अंदरूनी हिस्से, खाने की पैकेजिंग के डिब्बे और कप बनाए जाते हैं। प्लास्टिक की एक और प्रजाति का नाम है—पॉलीयूरेथेनस या पीयू, जिससे थर्मल इंसुलेशन फोम, प्रिंटिंग रोलर बनाया जाता है। आजकल मोटरकार में सबसे ज्यादा इसी का इस्तेमाल हो रहा है। एक होता है पॉलीविनायल क्लोराइड या पीवीसी, जिससे पानी के पाइप, सैनिटरी फिटिंग्स, खिड़कियों के फ्रेम बनाए जाते हैं। प्लास्टिक की एक किस्म का नाम है पॉलीविनाइलडिन क्लोराइड या पीवीडीसी, जिसका इस्तेमाल खाद्य पदार्थों की पैकेजिंग में किया जाता है। सबसे मजबूत किस्म के प्लास्टिक को एक्रिलोनाइट्रिल ब्यूटाडिन स्टाइरिन या एबीएस कहा जाता है। इससे कंप्यूटर मॉनीटर, प्रिंटर, की-बोर्ड, ड्रेनेज पाइप और इलेक्ट्रॉनिक उपकरण बनाए जाते हैं। पॉलीकॉर्बोनेट यानी पीसी और एक्रिलोनाइट्रिल ब्यूटाडिन स्टाइरिन यानी एबीएस के मिश्रण से पीसी-एबीएस नाम का प्लास्टिक बनता है, जिसका इस्तेमाल मोटरकार के अंदरूनी और बाहरी हिस्सों को बनाने तथा मोबाइल फोन की बॉडी बनाने में होता है।

पेट्रोल-डीजल न सही, प्लास्टिक कचरे से सड़क ही बना लें

भारत में प्लास्टिक कचरे से छुटकारा पाने की एक सस्ती और आसान तकनीक बहुत पहले से मौजूद है। 2002 में तमिलनाडु के मदुरै शहर में त्यागराजर कॉलेज

ऑफ टेक्नोलॉजी में रसायनशास्त्र के प्रोफेसर राजगोपालन वासुदेवन ने प्लास्टिक के कचरे से सड़क बनाने का प्रयोग किया। उन्होंने अपने कॉलेज के कैंपस की सड़क में प्लास्टिक कचरे का इस्तेमाल किया और साबित किया कि अगर तारकोल के साथ एक खास अनुपात में प्लास्टिक का कचरा भी मिला लिया जाए, तो सड़क ज्यादा मजबूत और टिकाऊ बन सकती है। 2006 में त्यागराजर इंजीनियरिंग कॉलेज को इस तकनीक का पेटेंट भी हासिल हो गया, जिसे प्रोफेसर वासुदेवन ने देश को समर्पित कर दिया।

प्रोफेसर वासुदेवन की तकनीक का इस्तेमाल कोई भी सरकारी एजेंसी कर सकती है और इस तकनीक का इस्तेमाल करने के लिए उसे कोई शुल्क नहीं देना होता है। इस तकनीक के प्लास्टिक के कैरीबैग, प्लास्टिक के कप, प्लास्टिक की बोतल, चिप्स, बिस्कुट और चॉकलेट के खाली रैपर या किसी भी किस्म की प्लास्टिक का इस्तेमाल सड़क बनाने में किया जा सकता है। तरीका बहुत आसान है। सबसे पहले प्लास्टिक कचरे को साफ करके श्रेडिंग मशीन से उसे छोटे-छोटे टुकड़ों में काटकर कतरन जैसा बना दिया जाता है। फिर प्लास्टिक की उन कतरनों को 165 डिग्री सेंटीग्रेड तापमान पर गरम करके पिघला दिया जाता है। पिघले हुए

प्लास्टिक कचरे से सड़क बनाने की तकनीक के प्रणेता प्रोफेसर राजगोपालन वासुदेवन

तमिलनाडु में प्लास्टिक कचरे से बनी सड़क

प्लास्टिक को बिटुमीन यानी तारकोल में मिलाया जाता है। बाद में प्लास्टिक और तारकोल के उसी मिश्रण में कंक्रीट मिलाकर सड़क पर बराबर फैलाकर उस पर 8 टन वजनी रोलर चलाया जाता है।

तारकोल की सड़क खराब होने की बड़ी वजह पानी है। अगर तारकोल में प्लास्टिक कचरा भी मिला दिया जाए तो तारकोल और कंक्रीट मजबूती से एक-दूसरे से जुड़ जाते हैं। इससे सड़क पर अगर जल भराव हो तो भी सड़क खराब नहीं होती। यह प्रयोग तमिलनाडु में कई सड़कों पर हुआ और पूरी तरह कामयाब रहा। आपको यह जानकर शायद हैरानी होगी कि 2012 से 2017 के बीच तमिलनाडु में प्लास्टिक के कचरे को तारकोल में मिलाकर एक हजार किलोमीटर सड़कें बनाई जा चुकी हैं। प्लास्टिक का कचरा इकट्ठा करने के लिए तमिलनाडु में ढेर सारे स्वयं सहायता समूह (सेल्फ हेल्प ग्रुप) को प्रशिक्षण भी दिया जा रहा है। उन्हें समझाया जा रहा है कि प्लास्टिक कितने तरह का होता है और किस तरह का प्लास्टिक सड़क बनाने में इस्तेमाल होता है। अब तक 1600 टन से ज्यादा प्लास्टिक कचरा तमिलनाडु में सड़क बनाने के काम आ चुका है।

नवंबर 2015 में केंद्र सरकार ने पूरे देश में सड़क बनाने में इस तकनीक का प्रयोग करने की हरी झंडी दी। 'प्रधानमंत्री ग्राम सड़क योजना' के लिए यह नियम भी बना दिया गया कि 60 माइक्रोन तक मोटाईवाली पॉलीथिन और कप, हार्ड और सॉफ्ट फोम, चॉकलेट, बिस्कुट, चिप्स इत्यादि के रैपर का प्रयोग सड़क बनाने में अनिवार्य रूप से किया जाए। प्रोफेसर वासुदेवन की सिफारिश 90 प्रतिशत तारकोल

में 10 प्रतिशत प्लास्टिक मिलाने की थी, लेकिन केंद्र सरकार ने केंद्रीय सड़क शोध संस्थान के कहने पर सड़क निर्माण में 8 प्रतिशत प्लास्टिक कचरा मिक्स करने की मंजूरी दी है। इस बारे में पूरी प्रक्रिया भी बताई गई है कि प्लास्टिक का इस्तेमाल कैसे करना है, उसके लिए हॉट मिक्स प्लांट में क्या इंतजाम करना है, ये तमाम बारीकियाँ बताई गई हैं, लेकिन अब भी सड़क बनाने में जुटे कई ठेकेदारों को इस तकनीक के बारे में ही पता नहीं है। हालाँकि अब इस मामले में राज्य सरकारें जागरूक हो रही हैं। उत्तराखंड और महाराष्ट्र में सड़क बनाने में प्लास्टिक कचरे का उपयोग अनिवार्य करने का आदेश जारी कर दिया गया है।

अब आप ही बताइए कि जिस प्लास्टिक के कचरे से टीम इंडिया की जर्सी बन सकती है, बेहतरीन क्वॉलिटी के कपड़े बन सकते हैं, डीजल–पेट्रोल, केरोसिन तेल बन सकता है, सड़क बन सकती है, वह समस्या है या संसाधन? यह कूड़ा है या धन?

❑

पराली बनी परेशानी

पराली कहिए, पुआल कहिए, धान का डंठल कहिए, राइस स्ट्रॉ कहिए, स्टब्बल कहिए···इन शब्दों से अब उत्तर भारत के लोगों का दम घुटता है। साँस थमने लगती है। जब भी दिल्ली और उसके आस-पास सर्दियों में धुएँ और धुंध का जहर फैलता है तो क्या नेता, क्या पर्यावरण विशेषज्ञ, सबके सब पराली को इस परेशानी की बड़ी वजह बताने लगते हैं।

ठीक बात है। पराली या पुआल सचमुच एक बड़ी समस्या है। धान की कटाई के बाद अगली फसल के लिए खेत को पूरी तरह साफ करना होता है, इसलिए

धान की पराली खेत में जलाते किसान

किसान खेत में ही पराली को जला देते हैं। उनके पास कोई विकल्प नहीं है, क्योंकि पराली की कटाई-ढुलाई खर्चीला सौदा है। उसमें मेहनत ज्यादा लगती है और समय भी। दिल्ली में प्रदूषण और स्मोग यानी धुएँ वाली धुंध पर लगातार खबरें दिखाने और उन पर चर्चा करने के बाद भी मेरी समझ में नहीं आया कि धान की खेती तो पहले भी होती थी, फिर समस्या अब विकराल क्यों हुई? इस सवाल का जवाब भी नहीं मिला कि धान की खेती अकेले भारत में तो होती नहीं है। चीन, अमेरिका, ब्रिटेन, कनाडा, नीदरलैंड्स और दुनिया के दूसरे देशों में भी तो धान की खेती होती है। धान की खेती होती है, तो वहाँ भी पराली पैदा होती होगी। फिर उन देशों में पराली का क्या होता है?

पराली संकट कितना बड़ा?

पराली जलाने से हवा में कितने तरह का और कितनी मात्रा में जहर घुलता है, इसके बारे में अब तक भारत में कोई अध्ययन नहीं हुआ है और अगर किसी ने अध्ययन किया भी हो तो उसका ब्योरा सार्वजनिक तौर पर उपलब्ध नहीं है। नीदरलैंड्स के आर्थिक मामलों के मंत्रालय ने जून 2013 में अपनी रिपोर्ट में मिस्र में हुए एक शोध के अप्रकाशित आँकड़ों का हवाला दिया था। इसमें बताया गया है कि 2010 में मिस्र में नाप-जोख करने पर पता चला कि एक हेक्टेयर खेत में अगर धान की पराली जलाई जाती है तो 9344 किलोग्राम कार्बन डाई ऑक्साइड, 4.7 किलोग्राम मीथेन, 5.1 किलोग्राम नाइट्रोजन ऑक्साइड, 463.4 किलोग्राम कार्बन मोनो ऑक्साइड, 900 ग्राम सल्फर डाई ऑक्साइड और 82.9 किलोग्राम बारीक धूल कण निकलते हैं, जिन्हें पार्टिकुलेट मैटर 2.5 (पीएम 2.5) कहा जाता है।

यह आँकड़ा सात साल पहले का है। इंटरनेशनल राइस रिसर्च इंस्टीट्यूट का कहना है कि हर साल धान के उत्पादन में डेढ़ फीसदी की बढ़ोतरी हो रही है। इस हिसाब से मिस्र की स्टडी को आधार बनाएँ तो आज पराली जलाने पर प्रदूषण का स्तर कम-से-कम 10 प्रतिशत प्रति एकड़ की ज्यादा होगा। साल-दर-साल यह आँकड़ा बढ़ेगा। कितना बढ़ेगा, यह पता लगाने की जिम्मेदारी केंद्रीय और राज्यों के प्रदूषण नियंत्रण बोर्ड की थी। विश्वविद्यालयों और अन्य शोध संस्थानों की थी, लेकिन प्रदूषण पर चिंता जताने के अलावा किसी ने अब तक यह जहमत नहीं उठाई कि पहले पता तो कर लें कि एक एकड़ पराली खेतों में राख होकर कितने लोगों की जान लेने भर का जहर उगलती है।

पराली का प्राचीन उपयोग

पराली संकट के समाधान की तलाश में मुझे ज्यादा भटकना नहीं पड़ा। एक पीढ़ी पहले के लोगों से बात की, तो जवाब मिला कि पराली या पुआल पहले गाय-बैल और भैंसों को हरे चारे में मिलाकर खिलाया जाता था। पराली चूल्हे में जलावन के रूप में भी इस्तेमाल होती थी। उस जलावन की निकली राख को घूर या घूरे में गोबर के साथ डाल दिया जाता था, जो बाद में खाद के रूप में खेतों में पहुँच जाती थी। मिट्टी को उपजाऊ बनाती थी। जहाँ जानवर बाँधे जाते थे, उस जगह भी पराली या पुआल को बिछा दिया जाता था। पशुओं के गोबर और मूत्र के साथ उस पुआल को इकट्ठा करके घूरे में छोड़ दिया जाता था और गोबर के साथ मिलकर पराली की भी कंपोस्ट खाद बन जाती थी। थोड़ी-बहुत पराली तो छप्पर बनाने और दीवार बनाने के लिए मिट्टी में भी मिलाई जाती थी, ताकि मिट्टी को मजबूती मिले। गाँवों में कुम्हार मिट्टी के बरतन बनाते थे, जिन्हें पकाने के लिए पराली जलाते थे।

हरित ऊर्जा का बहुपयोगी स्रोत है पराली

लेकिन अब वक्त बदल गया है। गाँवों में भी सीमेंट-रेत से पक्के मकान बनते हैं। चूल्हा की जगह केरोसिन वाले स्टोव और एलपीजी के सिलेंडर आ गए हैं। पराली से खाद बनाने में वक्त बहुत ज्यादा लगता है। मवेशी भी पराली नहीं खाते।

ले-देकर फलों की पैकिंग के लिए थोड़ी-बहुत पराली बिकती है। कुछ पराली ईंट भट्ठे वाले खरीद लेते हैं। फिर भी औसतन 80 फीसदी पराली बच जाती है, जिसे ठिकाने लगाने के लिए खेत में जलाना पड़ता है।

हर देश का एक सा दर्द

पराली का संकट और उससे पैदा हुआ दर्द अकेले भारत का नहीं है। दुनिया के जिस भी देश में धान की खेती होती है, वहाँ पराली की परेशानी एक जैसी ही है। चीन से लेकर अमेरिका तक में खेतों में पराली जलती रही है। फर्क सिर्फ एक है। अमेरिका और यूरोप के देशों ने पराली संकट को वक्त रहते भाँप लिया और उसका समाधान तलाशना शुरू कर दिया, जबकि भारत में पराली से निकली आग बुझाने का खयाल तब आया, जब जिंदगी झुलसने लगी।

अमेरिका का सबक

अमेरिका के सबसे बड़े धान उत्पादक राज्यों में से एक है कैलिफोर्निया। कैलिफोर्निया में 1990 के दशक में पराली जलाने से निकले धुएँ ने जब लोगों की सेहत और पर्यावरण का सत्यानाश करना शुरू किया, तब वहाँ के प्रशासन ने पराली जलाने के नियम तय कर दिए। नियंत्रित तरीके से पराली जलाने की कोशिश भी कामयाब नहीं हुई, तो तय हुआ कि पराली का इस्तेमाल बिजली संयंत्रों में बायोमॉस के रूप में किया जाएगा।

संकट इसमें भी था। बिजलीघरों में ईंधन के रूप में पराली पहुँचाने में ढुलाई की लागत काफी आ रही थी। किसानों के लिए बिजलीघरों तक पराली पहुँचाना किफायती सौदा नहीं था। इस संकट का हल भी आसानी से ढूँढ़ लिया गया। यह फैसला किया गया कि खेतों के आस-पास ही 12-15 मेगावॉट क्षमता वाले बिजलीघर बना दिए जाएँ। यह प्रयोग सफल रहा। इस सदी की शुरुआत में ही कैलिफोर्निया के धान उत्पादक इलाकों में ऐसे 10 बिजलीघर बना दिए गए, जो पराली को बायोमॉस के तौर पर इस्तेमाल कर रहे हैं। इसके अलावा कैलिफोर्निया में पराली का उपयोग मिट्टी क्षरण रोकने के लिए भी किया जा रहा है। वहाँ सड़कों के किनारों पर पराली लगाई जाती है, ताकि मिट्टी सूखकर हवा के साथ न उड़े।

अमेरिका की ही आयोवा स्टेट यूनिवर्सिटी ने धान, गेहूँ, मक्का जैसी फसलों के अवशेष के इस्तेमाल पर रिसर्च करके बताया कि हम जिस पराली को परेशानी समझ रहे हैं, वह ऊर्जा का बेशकीमती स्रोत है। प्रोफेसर डॉन हॉफस्ट्रैंड का यह

महाराष्ट्र के नागपुर में फसलों के अवशेष को जैविक खाद के रूप में इस्तेमाल करते किसान

शोधपत्र अक्तूबर 2009 में ए.जी.एम.आर.सी. के रिन्यूएबल एनर्जी न्यूज लेटर में प्रकाशित हुआ। प्रोफेसर हॉफस्ट्रैंड के मुताबिक, फसलों के अवशेष का इस्तेमाल फाइबर बोर्ड और कागज बनाने में किया जा सकता है। अगर पेपर इंडस्ट्री में इसका इस्तेमाल हो तो कागज बनाने के लिए जरूरी फाइबर का 40 फीसदी हिस्सा फसलों के अवशेष से मिल सकता है।

पराली को बायोमॉस के रूप में जलाकर बिजली बनाना तो संभव है ही, प्रोफेसर हॉफस्ट्रैंड ने बताया कि फसलों के अवशेष को सिंथेटिक गैस बनाने के लिए गैसिफिकेशन में फीड स्टॉक के रूप में भी इस्तेमाल किया जा सकता है। सिंथेटिक गैस से बिजलीघर चलाए जा सकते हैं, कई तरह के केमिकल्स का उत्पादन हो सकता है और इथेनॉल, पेट्रोल और डीजल भी बनाया जा सकता है। फसलों के अवशेष का इस्तेमाल बायोगैस के रूप में भी हो सकता है, क्योंकि पराली या दूसरी फसलों के डंठल में मीथेन और कार्बन डाई ऑक्साइड भरपूर मात्रा में होती है। इस बायोगैस का उपयोग खाना बनाने में हो सकता है और इसे अगर प्राकृतिक गैस (नैचुरल गैस) की तरह उच्च दाब के साथ सिलेंडर में भर दिया

जाए, तो इसे सीएनजी के विकल्प के रूप में मोटर गाड़ियों में भी इस्तेमाल किया जा सकता है।

पराली में छिपा है पेट्रोल का विकल्प

पराली या पुआल के इस्तेमाल के बारे में दुनिया भर में शोध हो रहे हैं, लेकिन सभी देश एक बात पर सहमत हैं कि पराली से पेट्रोल का विकल्प बनाया जा सकता है। यह विकल्प है बायोइथेनॉल के रूप में और अच्छी बात यह है कि दुनिया के सभी देशों में पराली और फसलों के अवशेष से बायोइथेनॉल बनाने का काम बहुत तेजी से हो रहा है। ब्राजीलियन जर्नल ऑफ माइक्रोबायोलॉजी में मई 2013 में पराली से बायोइथेनॉल बनाने के तरीके और संभावनाओं पर विस्तृत शोधपत्र छपा था। इसमें बताया गया कि बायोइथेनॉल बनाने में गन्ने के बाद सबसे महत्त्वपूर्ण रॉ मैटीरियल पराली या राइस स्ट्रॉ ही है।

इस शोधपत्र के मुताबिक, वैश्विक स्तर पर धान की पराली से सालाना 205 अरब लीटर बायोइथेनॉल बनाया जा सकता है, जो बायोइथेनॉल के मौजूदा उपयोग का 5 प्रतिशत है। बायोइथेनॉल पेट्रोल से एक तिहाई कम ऊर्जा पैदा करता है। मतलब एक लीटर पेट्रोल में जितनी ऊर्जा पैदा होती है, उतनी ऊर्जा पैदा करने के लिए डेढ़ लीटर बायोइथेनॉल की जरूरत होती है। बस इतना ही फर्क है पेट्रोल और बायोइथेनॉल में।

नीदरलैंड्स में क्या हो रहा है?

नीदरलैंड्स में पराली और गेहूँ के डंठलों को जैविक ऊर्जा पर आधारित अर्थव्यवस्था का संभावित फीडस्टॉक मान लिया गया है। जून 2013 में ही नीदरलैंड्स के आर्थिक मामलों के मंत्रालय ने इसके बारे में शोध के बाद एक रिपोर्ट प्रकाशित की थी, जिसमें यूरोपियन यूनियन के हवाले से पराली को खेती और उद्योग, दोनों के लिए बेहतरीन बताया गया। इस रिपोर्ट के मुताबिक, पराली का कुछ हिस्सा अगर खेतों में ही छोड़ दिया जाए, तो वह मिट्टी में आसानी से मिल जाता है। इससे मिट्टी उपजाऊ बनी रहती है, क्योंकि पराली में नाइट्रोजन, फॉस्फोरस, पोटाश और कार्बन की मात्रा बहुत ज्यादा होती है। कृषिक्षेत्र में पराली को पूरक पशुचारे के रूप में उपयोग में लाया जा सकता है। इससे पशुशालाओं में बेडिंग का काम लिया जा सकता है। मशरूम के उत्पादन में भी पराली बहुत काम आती है। बागवानी में अगर पौधों को पाला मारने का खतरा हो तो पराली का इस्तेमाल हो

महाराष्ट्र के नागपुर में फसलों के अवशेष को जैविक खाद के रूप में इस्तेमाल करते किसान

सकता है। पराली को थोड़े से ट्रीटमेंट के बाद कंपोस्ट खाद में भी बदला जा सकता है। उद्योगों की बात करें तो पराली को मिट्टी में मिक्स करके परंपरागत बिल्डिंग मैटीरियल ब्लॉक्स बनाए जा सकते हैं। इससे फाइबर बोर्ड बनाया जा सकता है। इससे इन्सुलेशन मैटीरियल बनाया जा सकता है और थर्मल पावर प्लांट में इसे बायोमॉस के रूप में इस्तेमाल किया जा सकता है।

पराली में है सिलिका

साल 2016 में इंडोनेशिया के वैज्ञानिकों ने 'इंटरनेशनल कॉन्फ्रेंस ऑन इनोवेशन इन इंजीनियरिंग एंड वोकेशनल एजूकेशन' में शोधपत्र प्रस्तुत करके बताया था कि धान की पराली में उच्च क्वालिटी का सिलिका होता है, जिसे आसानी से निकाला जा सकता है। सिलिका का इस्तेमाल सीमेंट से लेकर कॉस्मेटिक्स और दवा बनाने में किया जाता है। माइक्रो चिप बनाने में भी सिलिका का प्रयोग होता है।

इंडोनेशिया में यह शोध सुबांग इलाके में हुआ था। वैज्ञानिकों ने धान की पराली को डी-आयोनाइज्ड पानी से धोकर साफ किया। फिर उसे तीन दिन तक

सुखाया और उनको एक सेंटीमीटर लंबे टुकड़ों में काटा। पराली के छोटे-छोटे टुकड़ों को एक खास तापमान पर गरम करके राख में बदला गया। पराली की राख को कैलियन हाइड्रोऑक्साइड के घोल में डालकर 600 आरपीएम पर 60 डिग्री सेंटीग्रेड तापमान पर दो घंटे तक मिक्स किया गया। इस मिश्रण को फिल्टर किया गया और फिर उसमें हाइड्रोक्लोरिक एसिड मिलाया गया, जिससे पराली की राख Gell में बदल गई। एक रात उस Gell को वैसे ही छोड़ दिया गया। उस जेल को अगले दिन फिल्टर किया गया, फिर डी-आयोनाइज्ड पानी से साफ करके उसे आधे घंटे के लिए 150 डिग्री सेंटीग्रेड तापमान पर गरम किया गया। इस तकनीक से सिलिका हासिल करने में कामयाबी मिल गई।

पराली को ऊर्जा में बदलना ही भविष्य है

नीदरलैंड्स सरकार की रिपोर्ट में बताया गया है कि आज भी दुनिया में 80 प्रतिशत बिजली का उत्पादन फॉसिल फ्यूल यानी कोयला, डीजल और नैचुरल गैस से होता है, जो गैर-नवीनीकृत ऊर्जा के स्रोत हैं। ये प्राकृतिक संसाधन तेजी से खत्म हो रहे हैं। चूँकि बिजली की जरूरत बढ़ने के साथ ही धान और पराली का उत्पादन भी बढ़ रहा है, इसलिए पराली को कोयला, डीजल और प्राकृतिक गैस के विकल्प के रूप में बिजली उत्पादन में इस्तेमाल करना ही समझदारी है। इंटरनेशनल राइस रिसर्च इंस्टीट्यूट के मुताबिक, हर साल धान का उत्पादन 1.5 फीसदी की दर से बढ़ रहा है। जितने टन धान पैदा होता है, उससे लगभग सवा गुना ज्यादा पराली

महाराष्ट्र के चंद्रपुर में बगास (फसलों का अवशेष) से बिजली बनाई जा रही है

पैदा होती है। अगर बिजलीघरों में पराली का इस्तेमाल होगा तो फॉसिल फ्यूल पर निर्भरता कम होगी।

अब तक चार ऐसे तरीके खोजे जा चुके हैं, जिनसे पराली को थर्मल पावर प्लांट में ईंधन के तौर पर उपयोग में लाया जा सकता है। पहला तरीका तो पराली को थ्रेसर में काटकर कोयले के साथ जलाने का है। दूसरा तरीका है कि पराली से पहले बायोगैस बनाई जाए और उस गैस को थर्मल प्लांट में इस्तेमाल किया जाए। तीसरा तरीका पाइरोलिसिस (तापांशन) तकनीक से पराली को बायो-चार यानी जैविक चारकोल में बदलकर इस्तेमाल करने का है। एक और तरीका यह है कि पहले पराली का गैसीकरण (गैसीफिकेशन) किया जाए और उस गैस का इस्तेमाल बिजलीघरों में किया जाए। गैसीफिकेशन और बायोगैस में थोड़ा फर्क है। बायोगैस को नए सिरे से शोधित नहीं करना पड़ता, लेकिन गैसीफिकेशन से पैदा हुई गैस में कुछ अशुद्धता होती है, जिसे साफ करना जरूरी होता है।

महाराष्ट्र के चंद्रपुर में फसलों के अवशेष से बिजली बनाने का प्लांट

पराली को पावर प्लांट में ईंधन के रूप में जलाने का दोहरा फायदा है। इससे पराली की जो राख निकलती है, उसका भी औद्योगिक इस्तेमाल बड़े पैमाने पर होता है। इस राख का इस्तेमाल सीमेंट बनाने में होता है। इस राख से ईंट बनाई जाती है। इससे जियोपॉलिमर्स बनाया जाता है। इसका इस्तेमाल टाइल्स बनाने में भी होता है।

चीन का सबक

चीन भी पराली जलाने के मामले में पूरी दुनिया में कुख्यात रहा है। इस संकट से निपटने की पहली गंभीर पहल चीन में 2008 में हुई। सबसे पहले पूर्वी चीन के जियांग्सु प्रांत में पराली को मुख्य ईंधन बनाकर बायोमॉस पावर प्रोजेक्ट शुरू किया गया। वहाँ जिन इलाकों में धान की खेती ज्यादा होती है, वहाँ 25 से 50 किलोमीटर के दायरे में 12 से 25 मेगावॉट क्षमता के पावर प्लांट बनाए गए। इन पावर प्लांट्स में ईंधन के रूप में 50-60 प्रतिशत पराली का इस्तेमाल होता है, बाकी का ईंधन भी फसलों के अवशेष से ही बनाया जाता है। चीन का यह प्रयोग दूसरे प्रांतों में लागू करने से पहले इस बात पर विचार चल रहा है कि पराली को पावर प्लांट तक पहुँचाने में ढुलाई और मजदूरी की लागत को कैसे नियंत्रित किया जाए, क्योंकि यह लागत हर साल बढ़ती है।

चीन में फॉन्ग चाउ नाम की एक कंपनी है, जो 1964 से खेती में काम आनेवाली मशीनरी बनाती है। चीन में भी चूँकि पराली या राइस स्ट्रॉ की समस्या भारत जैसी ही है, इसलिए वहाँ भी लोग इस समस्या को संसाधन में बदलने के तरीके ढूँढ़ने में जुटे हैं। फॉन्ग चाउ ने अब पराली से रस्सी बनाने वाली एक मशीन बनाई है। कंपनी का दावा है कि पराली से जो रस्सी बनती है, जो इतनी मजबूत होती है कि उसका इस्तेमाल पटसन और जूट की रस्सी की तरह ही किया जा सकता है। मुझे याद है कि पहले भारत के गाँवों में भी पराली या पुआल का इस्तेमाल रस्सी की तरह किया जाता था। पुआल के ढेर से पुराने लोग आज भी हाथ से ही रस्सी बना लेते हैं, जिसे पशुओं का चारा बाँधने के काम ये लाते हैं। कुछ गाँवों में तो आज भी पुआल की रस्सी बनाकर उससे चटाई बनाई जाती है। अब अगर पुआल या पराली से रस्सी बनाने वाली मशीन भी मौजूद है तो फिर उसका इस्तेमाल क्यों नहीं हो सकता?

बायोइथेनॉल ही है समाधान

घूम-फिरकर पराली के संकट का एक ही हल पूरी दुनिया की समझ में आ रहा है और वह है पराली से बायोइथेनॉल बनाना। इसमें संभावनाएँ अपार हैं और टेक्नोलॉजी भी भारत समेत दुनिया के हर देश के पास है। बायोइथेनॉल बनाने के लिए सबसे पहले पराली का खास तरीके से ट्रीटमेंट किया जाता है। फिर हाइड्रोलिसिस (जल अपघटन) प्रक्रिया से उस पराली को गुजारा जाता है। हाइड्रोलिसिस की प्रक्रिया के बाद पराली शीरे में बदल जाती है। इस शीरे को

सड़ाया जाता है और उस सड़े हुए, यानी फर्मेंटेड शीरे को डिस्टिलाइजेशन करके इथेनॉल में बदल दिया जाता है।

बायोइथेनॉल को आज पूरी दुनिया में दूसरी पीढ़ी के जैविक ईंधन (सेकंड जेनरेशन बायो फ्यूल) में सबसे ज्यादा संभावना के रूप में देखा जा रहा है। बायोइथेनॉल से मोटरगाड़ियाँ चलाई जा सकती हैं, यह बात प्रमाणित हो चुकी है। बायोइथेनॉल से पर्यावरण को नुकसान नहीं होता। पेट्रोल और डीजल में 20 प्रतिशत बायोइथेनॉल और बायोडीजल मिक्स करने को भारत सरकार ने 2009 में राष्ट्रीय नीति बना दी थी। इस नीति पर अमल करने के लिए 2017 का लक्ष्य निर्धारित किया गया था। बायो फ्यूल्स के बारे में राष्ट्रीय नीति पर अमल करने की रफ्तार काफी सुस्त थी, लेकिन अब केंद्र सरकार ने इस काम को गति प्रदान कर दी है। आईआईटी खड़गपुर के वैज्ञानिकों ने मार्च 2017 में बायोइथेनॉल बनाने की नई तकनीक भी विकसित की है, जिससे पराली ही नहीं, बल्कि बाँस, केले के पेड़, मक्के की पत्ती और डंठल, कपास की डंठल और दूसरे कई किस्म के पौधों के अवशेष से बायो फ्यूल बनाया जा सकता है। केंद्र सरकार को उम्मीद है कि 2022 तक भारत में बायो फ्यूल का कारोबार 50 हजार करोड़ रुपए का हो जाएगा, जिसमें बड़ा हिस्सा बायोइथेनॉल का ही होगा।

नागपुर में अब सौ प्रतिशत इथेनॉल से चलाई जा रही हैं नगरीय बसें

बायोइथेनॉल की अहमियत अमेरिका और यूरोप ने 2010 के दशक में ही समझ ली थी। 2009 में पूरी दुनिया में 19 हजार 965 मिलियन गैलन बायोइथेनॉल का उत्पादन हुआ था, जिसमें अकेले अमेरिका का हिस्सा 10 हजार 600 मिलियन गैलन था। दूसरे नंबर पर ब्राजील था, जहाँ 6 हजार 578 मिलियन गैलन बायोइथेनॉल पैदा किया गया था। भारत इस सूची में आठवें नंबर पर था, जहाँ 92 मिलियन गैलन बायोइथेनॉल का उत्पादन हुआ था और इसमें भी गन्ने से बने बायोइथेनॉल का हिस्सा ही ज्यादा था। अब अंदाजा लगाइए कि दुनिया में चीन के बाद दूसरे सबसे बड़े धान उत्पादक देश भारत में अगर पराली से बायोइथेनॉल बनाया जाने लगे तो आज जो पराली किसान, सरकार, पर्यावरण सबके लिए संकट बनी हुई है, वह कितना महत्त्वपूर्ण संसाधन और कितनी विशाल संपदा साबित होगी?

यह बड़े अफसोस की बात है कि कृषिप्रधान भारत ने हरित क्रांति के जरिए अनाज उत्पादन पर तो पूरा जोर लगाया, लेकिन अनाज पैदा करने के साथ उससे जुड़ी चुनौतियों और संभावनाओं पर शोध नहीं किया। अगर ऐसा होता तो पराली का संकट दो दशक पहले ही संभावनाओं में बदल चुका होता। हम संभावनाओं पर आज विचार कर रहे हैं। पराली से बायोइथेनॉल बनाने की चर्चा अब जाकर आगे बढ़ी है, जबकि स्वीडन जैसे छोटे से देश ने 1980 के दशक में ही समझ लिया था कि बायोइथेनॉल ही भविष्य का ईंधन है। इथेनॉल इंडिया डॉट कॉम के मुताबिक, आज स्वीडन में पेट्रोल-डीजल की खपत 1980 की तुलना में 50 फीसदी कम हो गई है, क्योंकि वहाँ गाड़ियाँ बायोइथेनॉल से चलाई जा रही हैं। 1970 में अंतरराष्ट्रीय बाजार में तेल की कीमतें बढ़ने पर ब्राजील ने पेट्रोल-डीजल के विकल्प के रूप में बायोइथेनॉल पर ध्यान केंद्रित किया। आज ब्राजील में लगभग 40 फीसदी कार चलाने के लिए लोग पेट्रोल-डीजल की बजाय 100 प्रतिशत शुद्ध इथेनॉल का इस्तेमाल कर रहे हैं। ब्राजील में हर साल 4 अरब गैलन इथेनॉल का प्रयोग हो रहा है। अमेरिका में हर साल एक अरब गैलन से ज्यादा इथेनॉल पेट्रोल और डीजल में मिक्स करके उपयोग में लाया जा रहा है। कनाडा के कई प्रांतों में इथेनॉल को बढ़ावा देने के लिए उस पर प्रति गैलन 45 सेंट तक की सब्सिडी दी जा रही है।

जागो, भारत जागो

भारत में पराली जलाकर पिंड छुड़ाने की मानसिकता बदलने में पहले ही बहुत देर हो चुकी है। बायोइथेनॉल की जरूरत 2003 में ही महसूस कर ली गई

थी, लेकिन बायोइथेनॉल पैदा करने के लिए गन्ने के अलावा पराली भी विकल्प है, इसके बारे में किसी ने नहीं सोचा। नतीजा यह हुआ कि पराली और दूसरी फसलों के अवशेष को हम बरबाद करते रहे। पेट्रोल-डीजल का आयात कम करने की कवायद इस मायने में नाकाम हो गई कि अब हमें पेट्रोल-डीजल में मिलाने के लिए बायोइथेनॉल भी अमेरिका से खरीदना पड़ रहा है।

देश में 2003 में ही यह फैसला हो गया था कि पेट्रोल-डीजल में 5 प्रतिशत इथेनॉल मिलाया जाएगा। इससे कच्चा तेल खरीदने की जरूरत कम पड़ेगी, लेकिन आज 2017 में भी यह लक्ष्य हासिल नहीं हो सका है। 14 साल में हम बस इतना कर पाए हैं कि पेट्रोल-डीजल में 2 प्रतिशत इथेनॉल मिलाया जा रहा है, क्योंकि इथेनॉल का उत्पादन देश में बहुत कम है।

नागपुर में अब सौ प्रतिशत इथेनॉल से चलाई जा रही हैं नगरीय बसें

अमेरिका के कृषि मंत्रालय की विदेश कृषि सेवा की 24 जून, 2016 की रिपोर्ट भारत के लोगों की आँखें खोलने के लिए काफी है। यह अमेरिकी कृषि मंत्रालय में कृषि विशेषज्ञ अमित अराध्ये ने तैयार की है, जिसे अमेरिकी कृषि मंत्रालय के बड़े अफसर जॉन स्लेट ने अप्रूव किया है। इस रिपोर्ट में बताया गया है कि भारत में बायोइथेनॉल की डिमांड बढ़ी है, लेकिन 2016 की तुलना में बायोइथेनॉल में 8 प्रतिशत की गिरावट होनेवाली है; क्योंकि गन्ने का रकबा कम

हुआ है। 2017 में भारत में एक अरब 900 करोड़ लीटर इथेनॉल का उत्पादन होने का अनुमान है। इसका मतलब यह हुआ कि 2016 में भारत में इथेनॉल की जरूरत पूरी करने के लिए 44 करोड़ लीटर इथेनॉल का आयात करना पड़ा था और 2017 में 60 करोड़ लीटर इथेनॉल विदेशों से खरीदना पड़ेगा। इस बात पर हँसी भी आती है कि कहाँ पेट्रोल-डीजल का आयात कम करने के लिए इथेनॉल मिक्स करने का फैसला हुआ और हम इथेनॉल भी विदेश से खरीदने के लिए मजबूर हो गए। यह नौबत इसलिए आई, क्योंकि देश में इथेनॉल बनाने के लिए गन्ने के अलावा किसी विकल्प के बारे में सोचा ही नहीं गया। गन्ने से चीनी और शराब बनानेवाली कंपनियाँ ही ज्यादातर इथेनॉल बनाती रहीं। 2014 के सरकारी आँकड़ों के मुताबिक, देश में कुल 151 फैक्ट्रियों में इथेनॉल बनाने की कुल वार्षिक क्षमता 21 लाख 86 हजार 250 किलोलीटर थी। इसमें भी वाहनों के ईंधन के रूप में इस्तेमाल होनेवाले इथेनॉल का उत्पादन देश की जरूरत की तुलना में बहुत कम था, इसलिए इथेनॉल के लिए हमें अमेरिका और ब्राजील का रुख करना पड़ा।

भारत में सिर्फ यातायात के साधनों को चलाने के लिए 2015 में 134 अरब लीटर डीजल-पेट्रोल की खपत हुई थी। जिस रफ्तार से भारत में मोटरगाड़ियों की संख्या बढ़ रही है, उससे अनुमान है कि 2026 तक यहाँ पेट्रोल-डीजल की खपत बढ़कर 225 अरब लीटर हो जाएगी। भारत अभी पेट्रोल-डीजल की खपत के मामले में दुनिया में चौथे नंबर पर है। प्रति व्यक्ति खपत के मामले में हम दुनिया के सबसे पिछड़े देशों में शुमार सूडान से भी पीछे हैं, तब यह हालत है। तब भी हमें आज 142 अरब डॉलर से ज्यादा का कच्चा तेल आयात करना पड़ रहा है। ऐसे में यह जरूरी हो गया कि हम अपने भविष्य की खातिर पेट्रोल-डीजल के विकल्प के रूप में इथेनॉल को बढ़ावा दें। अर्थव्यवस्था को इसका बड़ा फायदा मिलेगा, क्योंकि कच्चे तेल की खरीद डॉलर में होती है। इसके लिए विदेशी मुद्रा भंडार बनाए रखना पड़ता है। अंतरराष्ट्रीय बाजार का दबाव बढ़ता है तो कच्चे तेल के साथ डॉलर की कीमतें भी बढ़ जाती हैं और डॉलर की कीमत बढ़ते ही वे तमाम वस्तुएँ महँगी हो जाती हैं, जिन्हें हम डॉलर में खरीदते हैं।

गंभीरता से सोचेंगे तो इथेनॉल का फायदा आसानी से समझ में आ जाएगा। दस साल आगे की सोचेंगे तो महसूस होगा कि अगर जल्दी-से-जल्दी पेट्रोल-डीजल में 20 प्रतिशत बायोइथेनॉल मिक्स करने की योजना पूरे देश में लागू हो गई तो इसका सीधा मतलब यही होगा कि देश को 20 फीसदी कम तेल आयात करना

पड़ेगा। कच्चा तेल खरीदने के लिए डॉलर पर निर्भरता कम होगी तो डॉलर की कीमतें औकात में रहेंगी। इससे बायोइथेनॉल के उत्पादन की क्षमता का दोहन बढ़ेगा। देश में बायोइथेनॉल उत्पादन करने वाले प्लांट लगेंगे तो रोजगार के अवसर भी पैदा होंगे और तब पराली जैसे फसली अवशेष खेतों में जलाने की नौबत नहीं आएगी।

पराली की ताकत

पराली को जलाने की बजाय उससे बायोइथेनॉल बनाना कितना फायदेमंद है, इसका जिक्र जरूरी है। अब तक अंतरराष्ट्रीय स्तर पर जो शोध हुए हैं, उनसे पता चला है कि एक किलो पराली से 172 ग्राम या 218 मिलीलीटर बायोइथेनॉल हासिल किया जा सकता है। भारत में औसतन 2800 लाख टन (280 मिलियन टन) धान की पराली हर साल पैदा होती है। अगर इसका आधा हिस्सा यानी 1400 लाख टन भी बायोइथेनॉल बनाने में इस्तेमाल किया जाए तो 3052 करोड़ लीटर से ज्यादा बायोइथेनॉल का उत्पादन हो सकता है। नवंबर 2017 में बायोइथेनॉल की दर 40 रुपए 85 पैसे प्रति लीटर तय की गई है जो एक साल तक लागू रहेगी। इस दर से भी जोड़ें तो 3052 करोड़ लीटर बायोइथेनॉल 1 लाख 24 हजार 674 हजार करोड़ से ज्यादा का है। अब आप खुद सोचिए कि क्या इतनी कीमती बायोइथेनॉल के कच्चे माल पराली को खेतों में जला देना कौन सी समझदारी है?

पराली से इथेनॉल बनाना ईंधन का बेहतर विकल्प है

हम आज भी गन्ने से बननेवाले इथेनॉल पर निर्भर हैं और गन्ने की फसल बारहों महीने तो होती नहीं। इसलिए गन्ने के सीजन में बायोइथेनॉल बनानेवाली रिफाइनरीज और चीनी मिलें पूरी क्षमता से काम करती हैं, उसके बाद कच्चे माल यानी गन्ने का इंतजार करती हैं। बायोइथेनॉल के उत्पादन की यह परंपरागत सोच और मानसिकता बदलने का वक्त आ गया है। कई लोगों ने इसकी शुरुआत भी कर दी है। जैविक ईंधन बनाने के क्षेत्र में डी-वन ऑयल पीएलसी, रिलायंस इंडस्ट्रीज लिमिटेड, गोदरेज एग्रोवेट, ईमामी ग्रुप, आत्मीय बायोफ्यूल्स प्राइवेट लिमिटेड, गुजरात ओएलो केम लिमिटेड, जैन इरिगेशन सिस्टम लिमिटेज, नोवा बायोफ्यूल्स प्राइवेट लिमिटेड जैसी कंपनियाँ भारत में अग्रणी हैं। जैविक ईंधन पर राष्ट्रीय नीति लागू होने और विदेशों से आयातित इथेनॉल भी देश में पैदा होनेवाले इथेनॉल की दर पर खरीदने का फैसला होने के बाद नई कंपनियों को भी बायोइथेनॉल के उत्पादन में सुनहरा भविष्य नजर आ रहा है। पंजाब में 2016 से ही पराली से बायोइथेनॉल बनाने का प्लांट लगाने की बात चल रही थी। अब चेन्नई की एक कंपनी को ठेका दे दिया गया है, जिसने पंजाब में 10 हजार करोड़ रुपए के प्लांट लगाने की हामी भरी है।

पराली मत जलाओ, इससे बाइक चलाओ

भारत में पराली, कपास और गेहूँ की डंठलों से बायो इथेनॉल बनाने का काम पहले से हो रहा है। पुणे के पास एक कंपनी ने राइस और कॉटन स्ट्रॉ से बायो इथेनॉल बनाने का प्लांट चालू किया है। इथेनॉल को पेट्रोल-डीजल का विकल्प दुनिया के कई देशों की तरह भारत ने भी मान लिया है, इसीलिए अब टीवीएस कंपनी ऐसी मोटरसाइकिलें बना रही है, जिनमें फ्लेक्सी इंजन है। मतलब ऐसा इंजन, जो पेट्रोल से भी चलता है और इथेनॉल से भी। फिर भी क्या वजह है कि देश में लोग बायो-इथेनॉल का प्लांट लगाने के लिए तैयार नहीं हैं? मैंने इस बारे में बात की तो पता चला कि अब तक देश में इथेनॉल को लेकर नीति ही साफ नहीं रही है। अब सरकार ने नई इथेनॉल नीति बना ली है। नीति बन गई है तो देश में बायोइथेनॉल बनाने की संभावनाओं का भी अंदाजा लग रहा है। नितिन गडकरी का अनुमान है कि अगर पराली और दूसरे बायो-मॉस (फसलों के अवशेष) का पूरा इस्तेमाल किया जाए तो एक हजार बायो-इथेनॉल बनाने वाले प्लांट तुरंत शुरू हो सकते हैं। एक प्लांट की लागत औसतन 200 करोड़ रुपए आती है। इस हिसाब से देखा जाए तो धान, गेहूँ, कपास, मक्का और दूसरी फसलों की डंठलों

से ही 2 लाख करोड़ का उद्योग खड़ा हो सकता है। इससे बायो-इथेनॉल और बायो सीएनजी दोनों का उत्पादन हो सकता है। यह उद्योग अपने आप में 20 लाख लोगों को प्रत्यक्ष और 30 लाख लोगों को अप्रत्यक्ष, यानी करीब 50 लाख लोगों को रोजगार देने में सक्षम है।

❑

सीवर से बायोगैस

क्या आप कभी ऐसी बस में बैठे हैं, जो सीवर से निकली गैस से चलती है? अगर नहीं तो कभी नागपुर जाइएगा। वहाँ पर एथनॉल से चलनेवाली ग्रीन बसों के बाद अब सीवर से निकली बायोगैस से 80–90 बसें दौड़ाने की तैयारी चल रही है। सुनकर आपको हैरानी होगी। अगर कोई न बताए तो मालूम भी नहीं पड़ेगा कि दिल्ली की लो–फ्लोर सी.एन.जी. बसों जैसी दिखने और उसके जैसी चलनेवाली नागपुर की बसें सीवर से निकले बायो–फ्यूल से चल सकती हैं। क्या आपको पता है कि सीवर के पानी में घुले–मिले

शहरों में मलिन बस्तियों से होकर गुजरता गंदे पानी का खुला नाला

मल–मूत्र और अपशिष्ट पदार्थ का इस प्रकार से भी इस्तेमाल हो सकता है? यह संभव है। बशर्ते आप अपना नजरिया बदलें और तकनीक का इस्तेमाल करें।

सच्चाई यह है कि सीवर या गंदे नाले के सामने से गुजरते वक्त मुँह पर रूमाल रख लेना और सिस्टम को चार गालियाँ देना हमारी आदत में शामिल हो चुका है; लेकिन हमें हार को जीत में बदलना, समस्या को संसाधन में बदलना आज तक ठीक से नहीं आया। यों कहें कि हमने कभी इस नजरिए से देखा भी नहीं, सोचा ही नहीं।

दरअसल सीवर में जो पानी और गंदगी जाती है, उससे हर इंसान को घिन आती है। मल–मूत्र और गंदे पानी की सड़ायँध वाकई बरदाश्त के बाहर होती है; लेकिन क्या सिर्फ नाक–मुँह पर रूमाल रख लेने से ही सीवर की गंदगी से छुटकारा मिल जाता है? जवाब है, नहीं। तो फिर ऐसे में हम क्या करें? अगर हम अपने दिमाग की बत्ती जलाएँ और सीवर की समस्या से छुटकारा पाने के लिए तकनीक के बारे में थोड़ा भी सोचें तो पता चलेगा कि यह समस्या है ही नहीं। यह भविष्य को बेहतर बनाने का संसाधन है। पूँजी है, परेशानी नहीं।

आज नागपुर जैसे शहर और अमरीका–यूरोप के कई बड़े शहरों में सीवर की गंदगी और पानी का कई तरह से इस्तेमाल हो रहा है। यह तकनीक का ही कमाल है कि सीवर के पानी की हर बूँद काम में आ रही है। सीवर के पानी को साफ करने के बाद जो स्लज यानी गाद या कीचड़ निकलती है, उसका भी सौ फीसदी इस्तेमाल हो रहा है।

हम अमरीका और यूरोप की तकनीक की बात तो कर रहे हैं, लेकिन अपनी ही प्राचीन सभ्यता को भूलते जा रहे हैं, यह आज के समय में एक प्रमुख समस्या है। हड़प्पा और मोहनजोदड़ो की जिस सभ्यता ने पूरी दुनिया को नगर बसाने का सही व सुव्यवस्थित तरीका समझाया, भारत के लोग ही उसके बारे में पढ़ना–समझना भूल गए। हम सीवर से हड़प्पा–मोहनजोदड़ो क्यों पहुँच गए, आप आगे पढ़ेंगे तो खुद समझ जाएँगे। पहले तो यह समझिए कि सीवर से निकला पानी और उससे भी ज्यादा गंदा तथा घिनौना स्लज, यानी सीवर का कीचड़ कितने काम का है।

सीवर के पानी को शोधित करके उसका इस्तेमाल पावर प्लांट, खेती, गाड़ियों की धुलाई, बागवानी और ग्रुप हाउसिंग सोसाइटी को साफ–सुथरा रखने के लिए किया जा सकता है। अब तो नागपुर नगर निगम सीवर का पानी साफ करके 18 करोड़ रुपए में बेच रहा है। सीवर के पानी को शोधित करने के बाद बचे हुए स्लज,

यानी कीचड़ से बायोगैस तथा गैस निकालने के बाद जो कीचड़ बचता है, उससे खेती के लिए जैविक खाद बनाई जा सकती है। सीवर का कीचड़ अगर खाद बनाने लायक भी न हो तो उसे सुखाकर थर्मल पावर प्लांट या फैक्ट्रियों की भट्ठी (फर्नेस) में ईंधन के तौर पर इस्तेमाल किया जा सकता है। बिल्कुल वैसे ही, जैसे गोबर के उपले बनाए जाते हैं। सीवर का स्लज जलाने के बाद जो राख बचती है, उसका भी सड़क बनाने के लिए एग्रेगेटर के रूप में तथा सीमेंट फैक्ट्रियों में फ्लाई ऐश के विकल्प के तौर पर भी इस्तेमाल किया जा सकता है।

आपको शायद लग रहा होगा कि मैं ख्याली बातें बता रहा हूँ। नहीं, ये ख्याली बातें नहीं हैं। दुनिया के कई देशों में सीवर के पानी और कीचड़ का उन सभी कामों में इस्तेमाल किया जा रहा है, जिनका जिक्र मैंने ऊपर किया। कहाँ क्या हो रहा है, यह बताऊँ, उससे पहले मुझे यह बताना जरूरी लग रहा है कि आपको पहले थोड़ा पीछे ले चलूँ और याद दिलाऊँ कि पर्यावरण मंत्रालय, प्रदूषण नियंत्रण के नियम-कानूनों एवं दशकों की चिंता के बाद भी सीवर की समस्या और उससे पैदा हुआ नदियों के अस्तित्व का संकट कितना विकराल है!

साल 1985 की बात है। अगस्त के महीने में जब पूरा देश आजादी की 38वीं सालगिरह मना रहा था, ऐन उसी दौरान बॉलीवुड के सबसे बड़े शोमैन राजकपूर की आखिरी फिल्म 'राम तेरी गंगा मैली' रिलीज हुई। कहानी के हिसाब से यह सामाजिक-रोमांटिक फिल्म थी, लेकिन इसके शीर्षक ने देश के लोगों का ध्यान नदियों के प्रदूषण की ओर आकर्षित किया। पहली बार आम जनता का ध्यान इस

सीवर के पानी का सदुपयोग हो तो गंगा का प्रदूषण भी खत्म हो जाएगा

ओर गया कि वाकई गंगा अब मैली हो गई है। इस फिल्म के रिलीज होने के बाद केंद्र सरकार को पहली बार गंगा की सफाई के लिए एक्शन प्लान लागू करना पड़ा।

यह प्लान 14 जनवरी, 1986 को लागू हुआ, जिसका मुख्य उद्देश्य गंगा को मानव मल-मूत्र और औद्योगिक प्रदूषण से मुक्त करना था। गंगा एक्शन प्लान के पहले चरण में ही सीवेज ट्रीटमेंट के लिए नई टेक्नोलॉजी का इस्तेमाल करना था, ताकि गंगा में सीवर का गंदा, दुर्गंधयुक्त, जहरीला पानी एवं उसके साथ मल और गाद का प्रवाह रोका जा सके। गंगा एक्शन प्लान के बाद राष्ट्रीय स्तर पर नेशनल रिवर एक्शन प्लान लागू करने की योजना भी बना ली गई, लेकिन अफसोस, न तो गंगा में मैला प्रवाहित होना बंद हुआ, न ही दूसरी नदियों को प्रदूषण मुक्त बनाने का एक्शन प्लान सिरे चढ़ा।

सोच का संकट

आपने कभी सोचा है कि नदियों की इतनी दुर्गति क्यों हुई? सीवर का पानी गंगा और दूसरी नदियों के लिए काल क्यों बना? दुनिया में जितनी भी प्राचीन सभ्यताएँ विकसित हुईं, चाहे वह पश्चिम एशिया में दजला-फरात नदियों के बीच आबाद हुई मेसोपोटामिया की सभ्यता हो, नील नदी के किनारे विकसित हुई मिस्र की सभ्यता या फिर सिंधु घाटी की सभ्यता हो, सभी नदियों के किनारे ही फली-फूलीं, आबाद हुईं, क्योंकि जीवन के लिए जल अनिवार्य आवश्यकता है। यदि जल के बिना अगर जीवन संभव नहीं है तो जल के इस्तेमाल से गंदे पानी का उत्सर्जन (सीवेज वेस्ट) भी अनिवार्य तौर पर होना ही है। फिर सीवर का पानी आधुनिक समाज का संकट क्यों बना? सिंधु नदी के किनारे आबाद हुए हड़प्पा और मोहनजोदड़ो में क्या सीवर का पानी नहीं निकलता था? फिर उस वक्त गंदे पानी से सिंधु नदी जहरीली क्यों नहीं हुई?

ज्यादा सोचने की आवश्यकता नहीं है। इतिहास की किताबों के कुछ पन्ने भी पलटेंगे तो पता चल जाएगा कि सीवर का पानी सिंधु घाटी सभ्यता में भी निकलता था, लेकिन तब लोग इसे समस्या की बजाय संसाधन के तौर पर इस्तेमाल करते थे। पुरातात्त्विक अवशेषों से यह बात साबित हो चुकी है कि मेसोपोटामिया और सिंधु घाटी सभ्यता के दौरान लोगों ने दैनिक इस्तेमाल से निकलनेवाले गंदे पानी का बेहतरीन उपयोग किया। सीवर के पानी से खेतों में सिंचाई होती थी। सीवर के पानी के साथ मिले अपशिष्ट पदार्थ और तत्त्व खेतों में उर्वरक का काम करते थे। हड़प्पा और मोहनजोदड़ो के नगरीय अवशेषों से पता चलता है कि लोगों के घरों से सीवर

का पानी निकलने के लिए बहुत व्यवस्थित नाले बनाए गए थे, जिनका पानी नदी में नहीं मिलाया जाता था, बल्कि सीवर के पानी वाले नालों को उन नहरों से जोड़ा जाता था, जिनका इस्तेमाल सिंचाई के लिए किया जाता था।

यह भी सच है कि हड़प्पाकालीन सभ्यता के दौरान इंसान रासायनिक वस्तुओं का इस्तेमाल नहीं करता था। सीवर के पानी में केमिकल नहीं होता था, लेकिन यह भी सच है कि आधुनिक होने की होड़ में हमारी सोच दूषित होती गई। हमने सुख-सुविधाओं के साधन तो बनाए, लेकिन यह भूल गए कि उन कृत्रिम सुविधाओं से जो बाय-प्रोडक्ट निकलेंगे, उनका निस्तारण कैसे होगा।

सीवर संकट क्यों पैदा हुआ ?

सीवर संकट इसलिए पैदा हुआ, क्योंकि हमने कभी सोचा ही नहीं कि सीवर का पानी जाएगा कहाँ? हमने सीवेज वेस्ट, यानी नाले का कचरा निपटाने के लिए आसान रास्ता चुना। गाँवों में नालों का पानी जोहड़ और तालाबों में डाल दिया गया और शहरों में मुहल्ले की नाली को बड़े नाले से जोड़ा तथा बड़े नालों का मुहाना नदी या समंदर की ओर खोल दिया। शहर-कस्बों और गाँवों की गंदगी ठिकाने लगाने के इस खतरनाक तरीके को ही हम सीवर सिस्टम समझते रहे। हमने सीवर को ठिकाने नहीं लगाया, बल्कि अपने अस्तित्व के लिए सबसे बड़े संकट को ठिकाना उपलब्ध करा दिया। इस संकट से निपटना तो दूर, इसे पहचानने में भी हम दुनिया के कई देशों से पीछे रह गए। दूसरी तमाम समस्याओं की तरह सीवर संकट को भी हमने विकराल होने दिया।

देश में सीवर का संकट कितना बड़ा है, केंद्रीय प्रदूषण नियंत्रण बोर्ड की जुलाई 2016 की रिपोर्ट से आपको इसका अंदाजा हो जाएगा। इस रिपोर्ट में बताया गया कि देश 445 नदियों को नेशनल वाटर मॉनीटरिंग प्रोग्राम में शामिल किया गया, जिनमें से 275 नदियों का पानी प्रदूषित है। इसमें बड़ा योगदान सीवर के पानी का है। देश के शहरी क्षेत्रों में रोजाना 61 हजार 754 मिलियन लीटर, यानी 6 लाख 17 हजार 540 लाख लीटर गंदा पानी निकलता है, जिन्हें नदी-झील, तालाब और समंदर में गिराने से पहले शोधित करने की जिम्मेदारी जिन 816 सीवेज ट्रीटमेंट प्लांट्स की है, उनकी कुल क्षमता ही 22 हजार 963 मिलियन लीटर, यानी 2 लाख 29 हजार 630 लाख लीटर की है। आसान शब्दों में कहें तो हमारे शहरों में जितना गंदा पानी रोज निकलता है, उसका सिर्फ 38 फीसदी हिस्सा ही ट्रीटमेंट प्लांट से साफ हो पाता है। बाकी का 62 फीसदी पानी जस-का-तस नदियों, झीलों, सरोवरों और समंदर

में चला जाता है, रोज 38 हजार 791 मिलियन लीटर सीवर का पानी बिना साफ किए नदियों, झीलों और समंदर में गिरा दिया जाता है। यह स्थिति शहरी क्षेत्रों की है, जहाँ लोगों से सीवर टैक्स वसूला जाता है। ग्रामीण इलाकों में तो सीवर सिस्टम और सीवेज ट्रीटमेंट प्लांट के बारे में अभी हमने सोचना भी शुरू नहीं किया है।

130 MLD SEWAGE WATER REUSE PROJECT FOR WATER SUPPLY TO 3x660 MW KORADI TPS EXPANSION: BHANDEWADI, NAGPUR. DT: 30-07-2015

नागपुर नगर निगम सीवर का पानी बिजलीघर को बेचता है

सीवेज ट्रीटमेंट प्लांट भी अधूरे

देश के शहरों की सरकारें, यानी नगर निगम, नगरपालिकाएँ अब सीवेज ट्रीटमेंट प्लांट लगाने पर जोर दे रही हैं। नए सीवेज ट्रीटमेंट प्लांट युद्धस्तर पर बनाए जा रहे हैं, लेकिन यह भी सीवर संकट से निपटने की अधूरी तैयारी है। जी हाँ, सीवेज ट्रीटमेंट प्लांट अधूरे हैं। अभी देश में जो सीवेज ट्रीटमेंट प्लांट चल रहे हैं या बन रहे हैं, वे गंदे पानी को शोधित तो कर रहे हैं, लेकिन सीवर के पानी के साथ जो मल और कीचड़ निकलता है, उसके निस्तारण के बारे में कोई नहीं सोच रहा। सीवेज ट्रीटमेंट प्लांट से जो कीचड़ निकलता है, उसे आज भी खुले स्थानों पर फेंक दिया जाता है। इससे एक नई समस्या पैदा होती है। सीवेज से निकले कीचड़ में बड़ी मात्रा में भारी धातुएँ (हेवी मेटल्स) और बैक्टीरिया होते हैं, जो बीमारियाँ पैदा करते हैं। धरती की उर्वरा शक्ति क्षीण करते हैं।

सीवर के गंदे पानी का करें क्या?

यही असल सवाल है, जिसका जवाब बड़ा आसान है। मैंने सीवर सिस्टम और गंदे पानी के निस्तारण पर अध्याय लिखने का फैसला किया तो नागपुर नगर

नागपुर नगर निगम के एसटीपी में शोधित जल से सालाना 18 करोड़ की आमदनी

निगम का उदाहरण मेरे सामने था। नागपुर नगर निगम ने सीवर के पानी को समस्या की बजाय संसाधन में बदला। सीवेज ट्रीटमेंट प्लांट में नागपुर शहर का गंदा पानी ट्रीट करने के बाद उसे बेचा जाता है और आज नागपुर नगर निगम को सीवर के गंदे पानी से हर साल 18 करोड़ रुपए की रॉयल्टी मिल रही है।

नागपुर में सीवर का पानी बेचने की कहानी बड़ी प्रेरणादायक और दिलचस्प है। देश के तमाम नगर निगमों की तरह नागपुर नगर निगम भी सीवर के संकट से परेशान था। करीब 27 लाख की आबादीवाले नागपुर शहर में रोज 560 मिलियन लीटर सीवेज निकलता था, जिसे नागपुर की तीन नदियों—नाग, पीली और पोहरा-काली नदी में साफ किए बिना जस-का-तस छोड़ दिया जाता था। नागपुर शहर का गंदा पानी समेटनेवाली तीनों नदियाँ आगे चलकर वेन गंगा में मिल जाती हैं, जिनसे नागपुर और आस-पास के लोगों को पीने के पानी की सप्लाई होती है। किसानों को खेती के लिए पानी भी वेन गंगा नदी से ही मिलता है। नागपुर के सीवर का जहर वेन गंगा नदी को भी दूषित कर रहा था।

नागपुर नगर निगम ने मजबूरी में सीवर के संकट से निपटने का तरीका खोजा। जब नागपुर में पीने के पानी की किल्लत होने लगी, तब इस ओर ध्यान गया। किसानों को सिंचाई के लिए पानी मिलने में दिक्कत होने लगी। दरअसल नागपुर में पेयजल, किसानों की सिंचाई और थर्मल पावर प्लांट को पेंच डैम से पानी

की सप्लाई होती है। सबका पानी का अपना कोटा है। बारिश कम होने पर डैम में पानी कम होता तो सबके कोटे में कटौती होने लगती।

करीब पाँच साल पहले ऐसे ही जल संकट के बीच नागपुर के सांसद नितिन गडकरी को खयाल आया कि खेती या पावर प्लांट के लिए सीवर का पानी इस्तेमाल नहीं किया जा सकता? उन दिनों नागपुर के मेयर अनिल सोले हुआ करते थे, जो गणित के प्रोफेसर और नितिन गडकरी के करीबी हैं। नितिन गडकरी ने उनसे पूछा कि ट्रीटमेंट प्लांट में साफ करके सीवर का पानी सिंचाई के लिए इस्तेमाल नहीं किया जा सकता? मेयर अनिल सोले हँस पड़े। बोले, "क्या नितिनजी, आप भी न, कुछ भी फंडा ले आते हैं।" नितिन गडकरी अपनी बात पर अड़े रहे। उन्होंने नागपुर के मेयर अनिल सोले, म्यूनिसिपल कमिश्नर और चीफ इंजीनियर के साथ मीटिंग की, लेकिन कोई भी यह मानने को तैयार नहीं था कि किसान या अन्य किसी को भी सीवर का पानी इस्तेमाल करने के लिए राजी किया जा सकता है।

नितिन गडकरी के बहुत समझाने के बाद नागपुर नगर निगम के चीफ इंजीनियर प्रकाश उराडे सीवर के पानी को इस्तेमाल करने लायक बनाने के प्रोजेक्ट पर काम करने को राजी हुए। सिविल इंजीनियरिंग में एम.टेक. और जापान से कचरा प्रबंधन के लिए स्कॉलरशिप पानेवाले प्रकाश उराडे ने जवाहरलाल नेहरू अर्बन मिशन के तहत नागपुर में सीवेज ट्रीटमेंट प्लांट लगाने का प्रस्ताव तैयार किया। उनकी कोशिशें रंग लाईं और नागपुर के भंदेवाड़ी में प्रतिदिन 100 मिलियन लीटर की क्षमतावाला पहला सीवेज ट्रीटमेंट प्लांट चालू किया गया, जो बाद में बढ़ाकर 200 मिलियन लीटर कर दी गई।

सीवेज ट्रीटमेंट प्लांट बनाना आसान था, लेकिन उस प्लांट को चलाना खर्चीला सौदा था। इस सीवेज ट्रीटमेंट प्लांट से जो पानी साफ किया जाता, उसका इस्तेमाल करने के लिए कोई तैयार नहीं था। रोजमर्रा के इस्तेमाल की बात तो दूर, खेती के लिए भी सीवेज ट्रीटमेंट प्लांट का पानी उपयोग में नहीं आ रहा था। ऐसे में नागपुर नगर निगम ने सीवर के पानी को बेचने के लिए व्यावसायिक संस्थानों से संपर्क करना शुरू किया।

महाराष्ट्र में बिजली उत्पादन करनेवाली कंपनी 'महाजेनको' ने नागपुर नगर निगम के भंदेवाड़ी सीवेज ट्रीटमेंट प्लांट का पानी खरीदने का फैसला किया। थर्मल पावर प्लांट में भाप पैदा करने के लिए पानी की बहुत ज्यादा जरूरत होती है। सीवर का पानी पावर प्लांट को बेचने से सबको फायदा हुआ। इससे नागपुर नगर निगम

को 18 करोड़ रुपए की अतिरिक्त कमाई होनी शुरू हुई। महाजेनको को भी पावर प्लांट के लिए पानी की खरीद पर कम धन खर्च करना पड़ा, क्योंकि सीवर का पानी साफ पानी की तुलना में सस्ता था। नदी के पानी पर पावर प्लांट की निर्भरता कम हुई तो लोगों को पीने और किसानों को खेती के लिए भरपूर पानी मिलने लगा। नागपुर नगर निगम की इस पहल ने देश के सभी नगर निगमों और नगर पालिकाओं को इस दिशा में मार्ग दिखाया कि सीवेज ट्रीटमेंट प्लांट से सिर्फ गंदा पानी ही साफ नहीं होता, बल्कि इससे नगर निगम को आमदनी भी होती है।

नगर निगम के इस सफल प्रयोग ने नागपुर में नगरीय सुविधाओं में पूँजी निवेश करने के लिए उद्योग जगत् का हौसला बढ़ाया। भंदेवाड़ी सीवेज ट्रीटमेंट प्लांट का पानी जब बिकने लगा तो नागपुर में सीवेज ट्रीटमेंट प्लांट में भी पब्लिक-प्राइवेट पार्टनरशिप (पी.पी.पी.) मॉडल के रास्ते जल्द ही खुल गए। विश्वराज इंफ्रास्ट्रक्चर लिमिटेड कंपनी ने नागपुर में 200 मिलियन लीटर प्रतिदिन की क्षमतावाला सीवेज ट्रीटमेंट प्लांट लगाने का प्रस्ताव भेजा। विश्वराज इंफ्रास्ट्रक्चर लिमिटेड का सीवेज ट्रीटमेंट प्लांट अब नागपुर में बन चुका है। भंदेवाड़ी और विश्वराज का प्लांट बनने के साथ ही अब वहाँ सीवर के 50 फीसदी पानी का सदुपयोग हो रहा है।

नागपुर नगर निगम ने सीवर की समस्या से निपटने का एक और तरीका खोज निकाला है, जो पूरे देश के लिए मॉडल बन सकता है। निगम ने सभी ग्रुप हाउसिंग सोसाइटी में सीवेज ट्रीटमेंट प्लांट लगाना अनिवार्य कर दिया है। ग्रुप हाउसिंग सोसाइटी या मिनी टाउनशिप में सीवेज ट्रीटमेंट प्लांट लगाने पर करीब 40 लाख रुपए की लागत आती है। मान लीजिए कि अगर एक सोसाइटी में 200 फ्लैट हैं तो

नागपुर नगर निगम का आधुनिक सीवेज ट्रीटमेंट प्लांट

हर फ्लैट के मालिक पर सीवेज ट्रीटमेंट प्लांट का सिर्फ 20 हजार का अतिरिक्त बोझ पड़ेगा। हाउसिंग सोसाइटी को अपने ग्रीन बेल्ट और पार्क की सिंचाई तथा गाड़ियों की धुलाई के लिए पानी मिल सकेगा। पानी कपड़े धोने और टॉयलेट में इस्तेमाल के काम आएगा। इससे पानी का बिल कम आएगा और भू-जल या नदियों एवं तालाबों के पानी पर निर्भरता कम होगी। नागपुर में कई बड़े बिल्डर्स ने तो अपने प्रोजेक्ट में सीवेज ट्रीटमेंट प्लांट की व्यवस्था भी शुरू कर दी है।

सीवर के पानी से सी.एन.जी.

'वेस्ट टू वेल्थ' यानी कूड़े से संपत्ति बनाना नितिन गडकरी का पसंदीदा विषय है। वे इस बारे में लगातार सोचते रहते हैं और सिर्फ सोचते नहीं हैं, बल्कि अपनी सोच पर अमल भी करते-कराते हैं। सीवर का पानी बेचने में कामयाबी मिलने के बाद नितिन गडकरी को विचार आया कि सीवर का पानी साफ करने के बाद जो गाद निकलती है, क्या उसमें से मीथेन गैस निकालकर बायो सी.एन.जी. पैदा की जा सकती है ? उन्होंने इस बारे में अपने एक मित्र से बात की, जो महाराष्ट्र के कोल्हापुर में डिस्टिलरी से निकलनेवाले कचरे, स्पेंट वॉश से बायोगैस बनाने में सफल रहे थे। डिस्टिलरी के स्पेंट वॉश से बायोगैस बनाने का प्रयोग इतना कारगर रहा कि सार्वजनिक क्षेत्र की एक कंपनी ने गडकरीजी के मित्र के साथ बायोगैस खरीदने का करार कर लिया। नितिन गडकरी के बुलाने पर उन्होंने स्पेंट वॉश से बायोगैस बनाने के प्रोजेक्ट में अपने एक्सपर्ट मिस्टर राव को नागपुर भेजा। नागपुर में सीवर ट्रीटमेंट प्लांट का मुआयना करने के बाद मिस्टर राव ने कहा, "सीवर की गाद से बायोगैस बनाना बिल्कुल संभव है। मैं इस काम को करने के लिए तैयार हूँ।" अब नागपुर नगर निगम सीवर से बायो-सी.एन.जी. बनाने की दिशा में आगे बढ़ गया है। नागपुर में अभी सीवर का जितना पानी निकल रहा है और इस पानी से बायो-सी.एन.जी. बनाने की जितनी संभावनाएँ हैं, उससे उम्मीद है कि बायो-गैस से नागपुर नगर निगम की 80-90 बसें आसानी से चलाई जा सकती हैं।

सीवर के पानी से सी.एन.जी. बनाने की बात नितिन गडकरी ने यों ही नहीं कही। यह कोई अजूबा भी नहीं है, क्योंकि अमरीका से लेकर नीदरलैंड तक में ऐसा हो रहा है और आज से नहीं, बल्कि दशकों पहले से हो रहा है। 1980 के दशक में ही अमरीका में एक रिसर्च हुई थी, जिसमें बताया गया कि एक इंसान अपनी रोजमर्रा की जिंदगी में हर दिन 3 से 5 पाउंड म्यूनिसिपल सॉलिड वेस्ट पैदा करता है, जिसमें 10 फीसदी स्लज, यानी मल और जैविक कीचड़ होता है। अगर इस स्लज को

बायोगैस में तब्दील किया जाए, तो अमरीका में 15 लाख की आबादीवाले 26 शहरों से निकलनेवाले स्लज से ही रोजाना 36 लाख घन फीट मीथेन गैस का उत्पादन संभव है। इसमें क्लीवलैंड का उदाहरण देकर बताया गया कि अगर क्लीवलैंड में सीवेज से निकलनेवाला समूचा स्लज इस्तेमाल कर लिया जाए, तो वहाँ 5 अरब 30 करोड़ घन फीट मीथेन गैस का उत्पादन हो सकता है। स्लज से मीथेन गैस बनाकर हम स्लज के संकट से तो छुटकारा पाते ही हैं, इससे जो गैस निकलती है, उससे कूड़ा प्रबंधन पर होनेवाले भारी-भरकम खर्च का काफी बड़ा हिस्सा भी रिटर्न के रूप में मिल जाता है। जो संकट है, वह संपत्ति बन जाता है।

नीदरलैंड्स का उदाहरण भी हमारे सामने है। पूरी दुनिया में सॉलिड वेस्ट मैनेजमेंट के मामले में नीदरलैंड्स को अग्रणी माना जाता है, जिसने टेक्नोलॉजी का बेहतरीन इस्तेमाल करके सीवर और स्लज की समस्या को विकास के संसाधन में बदल दिया। नीदरलैंड्स में यह काम रातोरात नहीं हुआ। 1959 से ही वहाँ की सरकार और नगर निकायों ने इस दिशा में लगातार काम किया। 1959 तक नीदरलैंड्स में सिर्फ 200 सीवेज ट्रीटमेंट प्लांट थे, जिनकी क्षमता 22 लाख 50 हजार लीटर गंदा पानी ट्रीट करने की थी। उस गंदे पानी से स्लज भी निकलता था, जिसे खुले में लैंड फिल साइट्स पर फेंक दिया जाता था। नीदरलैंड्स ने अगले 22 साल में सीवर संकट से निपटने के दो काम एक साथ किए। पहला काम सीवेज ट्रीटमेंट प्लांट बनाने का था और दूसरा स्लज, यानी सीवेज ट्रीटमेंट प्लांट से निकले कीचड़ से निपटने का था। 1981 तक आते-आते नीदरलैंड्स में 568 सीवेज ट्रीटमेंट प्लांट बना दिए गए, जिनकी क्षमता एक करोड़ 80 लाख लीटर प्रतिदिन की थी।

सीवर से निकलने वाले कीचड़ से भी पैदा हो रही है बायो-गैस

सीवेज ट्रीटमेंट प्लांट्स से निकलनेवाले स्लज को नीदरलैंड्स ने शुरुआत में कंपोस्ट खाद के तौर पर इस्तेमाल करना शुरू किया, लेकिन इसमें भी एक समस्या थी। सीवेज के पानी में फैक्ट्रियों का रासायनिक कचरा भी था, जो खेती के लिए खतरनाक था। इसके बाद वहाँ स्लज को बहूद्देशीय (मल्टी परपज) प्रयोग में लाने का फैसला किया गया। स्लज को विशेष प्रकार की भट्ठी (इंसिनरेटर) में जलाकर उसमें से मीथेन गैस निकाली जाने लगी। स्लज से गैस निकालने के बाद जो राख बची, उसको भी शोधित किया गया। उस राख में से भारी धातुओं (हैवी मेटल्स) को अलग करके उसे खाद के रूप में खेतों में इस्तेमाल किया जाने लगा। नीदरलैंड्स के रोटरडम शहर के पास कैपेल ऑन देन आइसेल नाम की नगरपालिका है, जिसके सीवेज ट्रीटमेंट प्लांट में 3 लाख 60 हजार लोगों के इस्तेमाल से उत्सर्जित सीवर का पानी शोधित किया जाता है। इस ट्रीटमेंट प्लांट से जो स्लज निकलता है, उससे बायोगैस (मीथेन) बनाई जाती है। आपको जानकर हैरानी होगी कि एक सीवेज ट्रीटमेंट प्लांट से जो मीथेन गैस निकलती है, उसी गैस से सीवेज ट्रीटमेंट प्लांट को चलाने की 60 प्रतिशत ऊर्जा मिल जाती है।

इंटरनेशनल जर्नल ऑफ एनर्जी एंड एनवायरमेंट ने 2010 में एक रिपोर्ट प्रकाशित की थी। इसमें घाना की यूनिवर्सिटी ऑफ साइंस एंड टेक्नोलॉजी की एक रिसर्च के हवाले से बताया गया था कि सीवेज से निकलनेवाले स्लज में बायोगैस उत्पादन की कितनी संभावना है। यह रिसर्च क्वेम क्रुमाह सीवेज ट्रीटमेंट प्लांट से निकलनेवाले स्लज पर हुई थी। रिसर्च के आधार पर बताया गया कि स्लज को अगर अनएरोबिक डाइजेशन तकनीक के जरिए ट्रीट किया जाए तो एक यूनिवर्सिटी कैंपस के सीवेज ट्रीटमेंट प्लांट से भी साल भर में 4 लाख 19 हजार 458 घनमीटर बायोगैस पैदा हो सकती है। बायोगैस बनाने के बाद जो स्लज बचता है, उसका इस्तेमाल उर्वरक के रूप में भी हो सकता है।

सीवेज से निकले कीचड़ का उपयोग

अपने जल संसाधन को बेइंतहा दूषित करने के बाद लोग अब यह मानने को तैयार हुए हैं कि सीवर के पानी को साफ करके उसका दोबारा इस्तेमाल किया जाना चाहिए। पहले तो इस बारे में कोई बोल भी दे तो ज्यादातर भारतीय नाक-भौं सिकोड़ने लगते थे। पवित्र नदियों को गंदे पानी से दूषित करके उन नदियों में डुबकी लगाना तो सबको मंजूर था, लेकिन खुद का गंदा किया पानी शोधित करके भी इस्तेमाल करना गवारा न था। अपने इस्तेमाल के लिए तो दूर, ज्यादातर लोग सीवर

के पानी को ट्रीटमेंट प्लांट में ट्रीट करने के बाद भी खेती, बागवानी या फिर अपनी गाड़ी धोने लायक नहीं समझते। फिर वही गंदा सीवर का पानी जब समस्या बनकर नाक तक आ गया, तब समझ में आया कि अब सोच बदलनी पड़ेगी। धीरे-धीरे ही सही, अब समाज में जागृति आ रही है। लोगों की मानसिकता बदल रही है, इसलिए सीवेज ट्रीटमेंट प्लांट की अहमियत समझ में आ रही है।

हालाँकि अब भी हमारे देश में यही माना जाता है कि सीवेज ट्रीटमेंट प्लांट सिर्फ सीवर का गंदा पानी साफ करने के लिए है। सीवेज ट्रीटमेंट प्लांट से निकलनेवाले स्लज के इस्तेमाल के बारे में जागरूकता आज भी बहुत कम है। सीवेज ट्रीटमेंट प्लांट से निकलनेवाले स्लज के भी एक नहीं, अनेक उपयोग हैं। वह भी समाज और राष्ट्र के लिए संपदा है, यह सोच भारत में विकसित करना बहुत जरूरी है।

सीवेज से निकलनेवाले कीचड़ का उपयोग कहाँ-कहाँ हो सकता है, इसके बारे में पूरी दुनिया में शोध हुए हैं। अब भी शोध हो रहे हैं। इस बारे में सभी शोधार्थी एकमत हैं कि सीवर के पानी से लेकर उससे निकलनेवाले कीचड़ तक का इस्तेमाल हो सकता है। अमरीका में वैकल्पिक ऊर्जा के क्षेत्र में थिंकटैंक के रूप में काम करनेवाली ग्रीन टेक मीडिया ने 2009 में ही बताया था कि सीवर के पानी का कम-से-कम 11 तरीके से इस्तेमाल संभव है। मुझे लगता है कि उन तरीकों के बारे में भारत के लोगों को भी जानना चाहिए। क्या पता, कौन सा तरीका किसके काम आ जाए।

अमरीका की इलिनॉयस यूनिवर्सिटी में नेशनल साइंस फाउंडेशन के निदेशक मार्क शैनन ने एक प्रोजेक्ट शुरू किया। उन्होंने एक एनेरोबिक डाइजेस्टर (बिना ऑक्सीजन के किसी वस्तु को जलाने की तकनीक) का प्रोटोटाइप बनाया, जिसके माध्यम से सीवर के पानी को फिर से इस्तेमाल करने लायक तो बनाया ही जा सकता है, साथ-ही-साथ उससे मीथेन गैस का उत्पादन भी हो सकता है और उसके बाद जो कचरा बचता है, उसको शोधित करके ईंट बनाने के काम में लाया जा सकता है। मार्क शैनन के मुताबिक, सीवेज से निकलनेवाले एक घन मीटर कीचड़ को प्रोसेस करने में 9 मेगा जूल ऊर्जा खर्च होती है, लेकिन उसी एक घन मीटर स्लज से 15 मेगा जूल ऊर्जा पैदा भी होती है।

ग्रीन टेक मीडिया ने अपनी रिपोर्ट में बताया था कि ऑस्टारा न्यूट्रिएंट रिकवरी टेक्नोलॉजी ने 2007 में अमरीका के अलबर्टा राज्य के एडमॉण्टन शहर में एक प्लांट लगाया, जहाँ सीवर के पानी को ट्रीट करने के साथ ही उसके स्लज से फॉस्फोरस और अमोनिया निकाला जाता है। इस प्लांट के रिएक्टर में रोज 5 लाख

लीटर सीवेज स्लज की प्रोसेसिंग होती है, जिससे 500 किलोग्राम क्रिस्टल ग्रीन मिलता है। क्रिस्टल ग्रीन में 75 फीसदी फॉस्फोरस और 15 फीसदी अमोनिया होता है, जिसका इस्तेमाल उर्वरक के रूप में किया जाता है। अपने पहले प्लांट की कामयाबी के बाद ऑस्टारा कंपनी ने 2009 में दूसरा प्लांट अमरीका के ही ऑरेगन शहर में चालू किया। उसके बाद अमरीका में ही 200 जगह ऐसे प्लांट लगाने के लिए कई कंपनियाँ टेक्नोलॉजी हासिल करने के लिए कतार में लग गईं। यूरोप के देशों से भी सैकड़ों कंपनियों ने स्लज से उर्वरक बनाने की इस टेक्नोलॉजी में दिलचस्पी दिखाई है।

ओबेरॉन एफ.एम.आर. नाम की एक कंपनी है, जिसने सीवर के पानी से मछलियों का चारा बनाने की तकनीक खोज निकाली। ओबेरॉन कंपनी के सी.ई.ओ. रैंडी स्वेनसन का कहना है कि उनकी कंपनी कचरे को खाने-पीने के निर्माण में इस्तेमाल करने लायक बनाने की दिशा में काम करती है। इसके लिए नई टेक्नोलॉजी पर लगातार रिसर्च होती है। उसी रिसर्च के दौरान पता चला कि सीवर के पानी और स्लज को प्रोसेस करके ऐसे मिनरल्स निकाले जा सकते हैं, जिन्हें मछलियाँ चाव से खाती हैं। उनका दावा है कि सीवेज स्लज से जो 'फिश फूड' उनकी कंपनी ने बनाया, उसे खाने के बाद आठ हफ्ते में सामान्य फिश फूड की तुलना में मछलियों की ग्रोथ 43 प्रतिशत अधिक हुई।

ग्रीन टेक मीडिया की 2009 वाली रिपोर्ट में ही जे जेन कंपनी के बारे में बताया गया था। जे जेन कंपनी अमरीका के बोस्टन में 2004 में शुरू हुई, जो लिक्विड मेटल गैसिफिकेशन प्रक्रिया के जरिए कचरे को सिंथेसिस गैस में बदलने का काम करती है। यह कंपनी कंस्ट्रक्शन और म्यूनिसिपल वेस्ट से कार्बन मोनोऑक्साइड और हाइड्रोजन का उत्पादन करने में माहिर है। इन गैसों का इस्तेमाल नैचुरल गैस की जगह ईंधन के रूप में हो सकता है। जे जेन कंपनी एक स्टार्ट-अप के रूप में शुरू हुई थी, जिसे 3 करोड़ डॉलर की फंडिंग करनेवालों में मैसाच्यूसेट्स टेक्नोलॉजी डवलपमेंट कॉरपोरेशन भी थी। जे जेन कंपनी ने पहला प्लांट नवंबर 2007 में चालू किया। पायलट प्रोजेक्ट सफल होने के बाद जे जेन ने जून 2011 में मैसाच्यूसेट्स के ही एटेलबोरो शहर में कचरे से ऊर्जा बनाने का औद्योगिक प्लांट शुरू किया, जहाँ फिलहाल हर साल 44 हजार टन कचरे की प्रोसेसिंग करके सिंथेसिस गैस का उत्पादन हो रहा है। उस गैस से 7 मेगावॉट बिजली बनाने का प्लांट चलाया जा सकता है।

मीथेन गैस तो अमरीका, यूरोप के देश कई साल से बना ही रहे हैं। सीवेज स्लज से गैस निकालने के बाद जो कचरा बच जाता है, उससे खेतों के लिए खाद बनाई जा रही है। यूरोप के देश डेनमार्क की एक छोटी सी कंपनी ने सीवेज और स्लज से यूरिया बनाने का प्लांट बनाया है। न्यूजीलैंड में सीवेज स्लज से ईको-कोल बनाया जा रहा है। यह ईको-कोल वैसा ही है, जैसे हमारे देश में गोबर के उपले बनाए जाते हैं। सीवेज की गाद से पहले नमी खत्म की जाती है और फिर जो ठोस कचरा बचता है, उसे पेलेट यानी छोटी-छोटी गोलियाँ या टिकिया बनाकर जलावन के रूप में इस्तेमाल किया जाता है। उसी कचरे को कोयले के विकल्प के तौर पर इस्तेमाल किया जा रहा है, जिसे हम सफाई अभियान की सफलता में सबसे बड़ा रोड़ा मानते हैं। और हाँ, एक बात और, सीवर के कचरे से बने ईको-कोल को जलाने से जो राख निकलती है, उसका इस्तेमाल ईंट और सीमेंट बनाने में किया जा रहा है। उस कचरे को सुखाकर सड़क बनाते समय गड्ढे भरने में किया जा रहा है। यह सब हो रहा है और हम अब भी सीवर की दुर्गंध से जूझ रहे हैं।

देर आए, दुरुस्त आए

सीवर सिस्टम और सीवेज ट्रीटमेंट प्लांट के मामले में हम पूरी दुनिया से पहले ही पिछड़ गए हैं। सोचने में देर हो चुकी है, लेकिन ज्यादा कुछ नहीं बिगड़ा है। अब भी वक्त है, जब हम सीवर के पानी को बेकार समझने की अपनी गलत सोच को दुरुस्त कर सकते हैं। मुझे लगता है कि नागपुर की तरह हर शहर में सीवर का पानी थर्मल प्लांट को नहीं बेचा जा सकता, लेकिन उस पानी को सिंचाई और मोटर गाड़ियों के सर्विस सेंटरों में गाड़ियों की धुलाई के लिए तो इस्तेमाल किया जा सकता है। उस शहर की फैक्ट्रियों में तो सीवर के पानी की सप्लाई की जा सकती है। नगर निगम दलील दे सकते हैं कि सीवर सिस्टम और सीवेज ट्रीटमेंट प्लांट के लिए धन कहाँ से आएगा? सरकारी फंड पर निर्भरता पहले से बहुत ज्यादा है। तो इस मामले में भी नागपुर मिसाल के रूप में हमारे सामने है। नगर निगम अगर उद्योग जगत् सीवर के पानी के बिजनेस की अहमियत समझाने में कामयाब हो जाएँ तो कोई वजह नहीं कि कंपनियाँ सीवेज ट्रीटमेंट प्लांट को भी बेहतर निवेश का विकल्प नहीं मानेंगी।

मैंने बात गंगा मैली होने से शुरू की थी। गंगा में गंदगी की सबसे बड़ी वजह सीवर है, इसमें किसी को संदेह नहीं है। समस्या सिर्फ यह है कि सीवर का पानी गंगा में गिरने से कैसे रोका जाए? अब केंद्र सरकार ने इसका तरीका भी ढूँढ़ लिया

है। गंगा की कायाकल्प करनेवाले विभाग के मंत्री भी नितिन गडकरी ही हैं। हाल ही में मेरी उनसे बात हुई तो उन्होंने बताया कि वे गंगा किनारे के शहरों में भी नागपुर जैसा प्रोजेक्ट शुरू करने जा रहे हैं। गंगा किनारे आबाद कानपुर और वाराणसी समेत 10 शहरों में 153 सीवर ट्रीटमेंट प्लांट लगाने की योजना है। उन सीवर प्लांट का पानी उद्योग जगत्, फैक्ट्रियों, रेलवे और थर्मल पावर प्लांट्स को बेचा जाएगा। सीवर स्लज से बायो-गैस भी निकाली जाएगी। गडकरीजी तो मानते हैं कि यह प्रोजेक्ट पूरा होते ही गंगा का 70 प्रतिशत प्रदूषण दूर हो जाएगा। साथ ही सीवर के पानी से इतनी बायोगैस पैदा होने लगेगी कि इससे गंगा किनारे बसे शहरों के हजारों वाहनों को बायोगैस के रूप में ईंधन मिलने लगेगा, जो पर्यावरण के लिए वरदान साबित होगी।

एक बात और, अब भी सीवेज ट्रीटमेंट प्लांट को सिर्फ शहरों की जरूरत समझा जा रहा है। मेरे खयाल से यह सोच भी गलत है। सरकार देश के सभी गाँवों को खुले में शौच से मुक्त कराने का अभियान चला रही है। गाँवों में भी रोजमर्रा के इस्तेमाल से ढेर सारा गंदा पानी निकलता है। शौचालय को लेकर जागरूकता जितनी बढ़ी है, जितने शौचालय बन रहे हैं, उनसे गाँवों में सीवर का पानी भी ज्यादा निकलेगा। अभी का हाल यह है कि गाँवों में रसोई से लेकर शौचालय तक का गंदा पानी पतली नालियों के जरिए किसी तालाब में गिरा दिया जाता है। तालाब नहीं हो तो सारा पानी गाँव की गलियों में बहता रहता है। गाँवों का सीवर भी पानी के स्रोतों को दूषित करता है, इसलिए गाँवों में भी सीवर सिस्टम के बारे में अभी से सोचना होगा। हर गाँव में सीवेज ट्रीटमेंट प्लांट न सही, लेकिन आठ-दस गाँवों का समूह बनाकर क्या सीवेज ट्रीटमेंट प्लांट नहीं बनाया जा सकता? गाँवों में अगर सीवर का पानी शोधित होने लगे, तो किसानों को भी फसल की सिंचाई के लिए पानी मिल सकेगा। सीवेज ट्रीटमेंट प्लांट के साथ अगर बायोगैस बनाने का संयंत्र भी बन जाए तो कहना ही क्या!

❑

बाल-बाल का कमाल

बात थोड़ी पुरानी है, शायद 1997 की। पूर्व मिस इंडिया और अभिनेत्री नफीसा अली की एक तस्वीर ने खलबली मचा दी थी। नफीसा अली के सिर के बाल गायब थे। उन्होंने मुंडन करवा लिया था। क्यों कराया, इस पर कई दिनों तक रहस्य बना रहा। कयासों का दौर चलता रहा। 1979 में शशि कपूर के साथ फिल्म जुनून में डेब्यू करने वाली नफीसा अली उन दिनों फिल्मों में अपनी दूसरी पारी शुरू कर चुकी थीं। सबको

पूर्व मिस इंडिया और अभिनेत्री नफीसा अली ने तिरुपति बालाजी को बाल दान किया था (सौजन्य-वर्ल्ड प्रेस)

यही लग रहा था कि नफीसा का मुंडन वाला 'लुक' नई फिल्म के लिए है। बहुत बाद में नफीसा अली ने बताया कि उन्होंने बहुत निजी वजह से मुंडन कराया था। उन्होंने अपने परिवार के लिए तिरुपति बालाजी से कोई मन्नत माँगी थी, वह पूरी हुई तो उन्होंने तिरुपति जाकर भगवान् वेंकटेश्वर को अपने लंबे बाल दान कर दिए।

नफीसा अली के लिए सिर के बाल मुँडवाना सिर्फ आस्था का सवाल था। वे भी इस बात से बेखबर ही रही होंगी कि उनके बाल तिरुपति बालाजी मंदिर के जरिए किसी कंपनी में पहुँचे होंगे, किसी के काम आए होंगे। शायद बहुतों के काम आए हों, क्योंकि इंसानी बाल कई तरह से इस्तेमाल में आते हैं। जी हाँ···सही सुना आपने। इंसानी बाल बहुत से काम आता है और इसीलिए आज की तारीख में इंसानी बाल की कीमत बहुत बढ़ गई है। आपको शायद यह जानकर हैरानी होगी कि हॉलीवुड में कई मशहूर अभिनेत्रियाँ और गायिकाएँ ऐसी हैं, जो समाजसेवा के लिए धन जुटाने की खातिर अपना सिर मुँडवाती हैं और उनके बाल बेचकर मोटी रकम जुटा ली जाती है। 2013 में जेसी जे नाम की सिंगर ने ब्रिटेन में 'रेड नोज

मशहूर पॉप सिंगर जेसी जे ने समाजसेवा के लिए सिर मुंडवाया

डे' में लाइव शो के दौरान अपने सिर के बालों पर उस्तरा चलवाया था। रेड नोज डे की स्थापना 1985 में कॉमेडियन लेनी हेनरी और कॉमेडी स्क्रिप्ट राइटर रिचर्ड कर्टिस ने इथियोपिया में अकाल और भुखमरी के शिकार लोगों की मदद के लिए की थी। जेसी जे ने जिस इवेंट में हिस्सा लिया था, उसमें उनके बालों की नीलामी और दूसरे कार्यक्रमों के जरिए करीब 90 लाख डॉलर की रकम जुटा ली गई थी। 2013 के रेड नोज डे कार्यक्रम में कुल रकम इकट्ठा हुई थी करीब 11 करोड़ 30 लाख अमेरिकी डॉलर।

जिन लोगों को इंसानी बाल के इस्तेमाल की जानकारी नहीं है, उन्हें शायद यह पागलपन जैसा लग रहा होगा। जो लोग अपने सिर के बालों को कटवाने के बाद उसे कूड़े के ढेर में जाता देखते हैं, उनके लिए मोटी रकम देकर बाल खरीदने की बात किसी सनकी अमीर का दिमागी फितूर ही है, जो सेलिब्रिटी के बाल खरीदकर खुश हो गया हो। लेकिन ऐसा बिल्कुल नहीं है। इंसानी बालों के खरीदार सनकी नहीं, बेहद समझदार लोग हैं, जो हजारों रुपए में बाल खरीदकर लाखों का कारोबार करते हैं।

मैं आपको इंसानी बाल दान करने, खरीदने और बेचने की बातें बेवजह नहीं बता रहा हूँ। भारत के महानगरों की एक गंभीर समस्या ने मुझे इस बारे में सोचने और लिखने को मजबूर किया। मैं अकसर देखता हूँ कि देश के शहर, कस्बे, गाँव और तीर्थस्थलों पर लोग सिर के बाल कटवाने, मुंडन करवाने के बाद बालों को

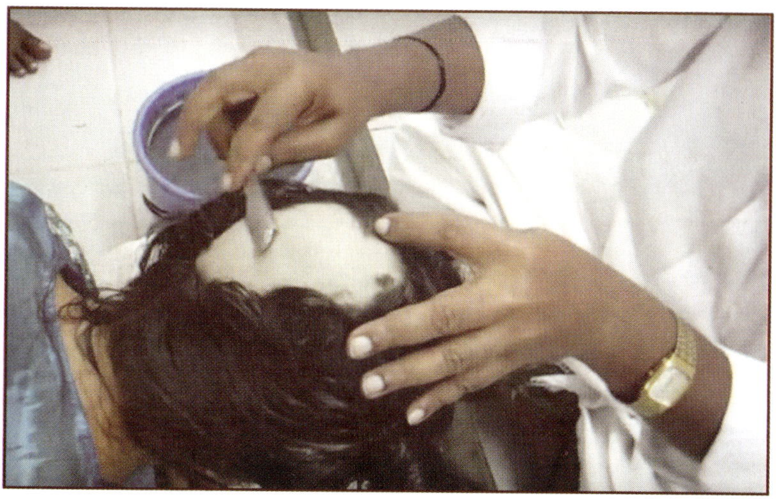

तिरुपति बालाजी मंदिर को प्रतिवर्ष बाल बेचने से 200 करोड़ से अधिक की आय

या तो नदियों में प्रवाहित कर देते हैं या फिर यों ही कूड़े-कचरे की तरह खुला छोड़ देते हैं। वही इंसानी बाल बाद में शहरों में नाले जाम होने की वजह बन जाते हैं। फिर वही नाले बजबजाने लगते हैं। बदबू फैलाते हैं, बीमारियाँ फैलाते हैं। हम इंसानी बालों को इतनी बेपरवाही से तब फेंक रहे हैं, जब हर साल हम सुनते हैं कि तिरुपति बालाजी मंदिर का मैनेजमेंट दान में मिले बाल बेचकर अरबों रुपए कमा रहा है। अब तिरुपति बालाजी मंदिर बाल बेच रहा है तो जाहिर है कि बालों का बड़ा बाजार भी होगा। इंसानी बालों का बाजार कितना विस्तृत है और इससे क्या-क्या कमाल हो रहे हैं, इस बारे में मैंने जो भी जानकारियाँ जुटाईं, वे दंग करनेवाली हैं।

बाल का कमाल

बाल की खाल निकालने की कहावत तो सुनी है। यह भी सुना और देखा है कि आंध्र प्रदेश के तिरुपति बालाजी मंदिर में लोग अपने सिर के बाल मुँडवाकर आते हैं और उन बालों की नीलामी करके तिरुपति बालाजी देवस्थान बोर्ड हर साल 200 करोड़ रुपए से ज्यादा कमा रहा है और यह कारोबार साल-दर-साल बढ़ता जा रहा है। ज्यादातर लोगों को यही पता है कि तिरुपति बालाजी मंदिर से बाल खरीदने वाली कंपनियाँ उससे विग बनाती हैं। लेकिन बाल की खाद··· ! यह सुनना ही बहुत दिलचस्प है कि हेयर कटिंग सैलून या पार्लर में जाकर हम जो बाल कटवा आते हैं और जिसे ज्यादातर हेयर ड्रेसर नाली-नाले में फेंक देते हैं, वह भी कमाई का बड़ा जरिया है। इससे खेती और बागवानी के लिए ऑर्गेनिक प्लांट बूस्टर बनता है, प्लांट बूस्टर मतलब पौधों को तेजी से विकसित करने वाला तत्त्व।

बाल में अमीनो एसिड

जिसने भी थोड़ा-बहुत विज्ञान पढ़ा है, वह इस बात को जरूर जानता है कि इस धरती पर जीवन के लिए अमीनो एसिड अनिवार्य आवश्यकता है। चाहे जीव-जंतु हों, इंसान या फिर पौधे, अमीनो एसिड के बिना उनका अस्तित्व संभव नहीं है। अब तक कुल 22 तरह के अमीनो एसिड को वैज्ञानिकों ने ढूँढ़ा है, जिनसे धरती पर जीवन-चक्र संचालित होता है। अमीनो एसिड की जरूरत सबको होती है, इसलिए प्राकृतिक रूप से जब किसी इंसान, पशु-पक्षी या पेड़-पौधों को पर्याप्त अमीनो एसिड नहीं मिलता, तो उसे बाहर से अमीनो एसिड देना पड़ता है। इसी की पूर्ति करने के लिए पूरी दुनिया में अमीनो एसिड बनाने का

इंसानी बाल से निर्मित अमीनो एसिड

काम बहुत बड़े उद्योग में बदल चुका है। अमीनो एसिड के लिए आज की तारीख में सबसे प्रमुख रॉ मैटीरियल यानी कच्चा माल इंसानी बाल ही हैं। ब्रिटैनिका एनसाइक्लोपीडिया के मुताबिक, अमीनो एसिड का औद्योगिक उत्पादन 1908 में शुरू हुआ। आज अमीनो एसिड से पार्किंसन्स रोग की दवा बनती है, पेप्टिक अल्सर यानी पेट के अल्सर की दवा बनती है। बॉडी बिल्डिंग करने वालों के लिए जो फूड सप्लीमेंट बनता है, उसमें अमीनो एसिड का इस्तेमाल होता है, क्योंकि अमीनो एसिड के बिना मसल्स बनानेवाले प्रोटीन की बॉण्डिंग नहीं होती। कई तरह के कॉस्मेटिक्स बनाने में भी अमीनो एसिड का प्रयोग किया जाता है और अमीनो एसिड बनाने का सबसे प्रमुख स्रोत बाल ही हैं।

बाल का कारोबार

भारत में ज्यादातर लोग अब तक इसी बात से चमत्कृत रहते हैं कि तिरुपति बालाजी मंदिर में सिर मुँडवाने के बाद जो बाल निकलता है, उसे बेचकर करोड़ों रुपए की कमाई होती है। बाल खरीदनेवाले भी कुछ साल पहले तक विदेशी कंपनियों को माल बेचकर अपना मुनाफा कमाकर खुश हो जाते थे। किसी को खयाल भी नहीं आता था कि बाल खरीदकर कंपनियाँ कितना मुनाफा कमा रही हैं। चलिए, आपको बाल से मालामाल होनेवाली कंपनियों का बिजनेस फॉर्मूला बताते हैं। तिरुपति बालाजी मंदिर ट्रस्ट ने जनवरी 2016 में दान में मिले बालों की नीलामी के लिए जो रेट और शर्तें तय की थीं, पहले उसे जान लेंगे तो बाल का कारोबार समझना आसान हो जाएगा। आपकी जानकारी के लिए मैं तिरुपति बालाजी मंदिर ट्रस्ट की निविदा का ब्योरा हू-ब-हू बता रहा हूँ

मानव बाल का प्रकार	बिक्री के लिए तैयार मात्रा	दर प्रति किलोग्राम
पहली किस्म (31 इंच या उससे लंबे बाल)	2400 किलोग्राम	25,563 रु.
दूसरी किस्म (16 इंच से 30 इंच)	27000 किलोग्राम	19,042 रु.
तीसरी किस्म (10 इंच से 15 इंच)	65,500 किलोग्राम	4,540 रु.
चौथी किस्म (5 इंच से 9 इंच)	11,700 किलोग्राम	3,583 रु.
पाँचवीं किस्म (5 इंच से छोटे बाल)	15,000 किलोग्राम	31 रु.
सफेद बाल	100 किलोग्राम	6,706 रु.

आप समझ सकते हैं कि एक किलो इंसानी बाल अगर ग्रेड वन का हो, तो तिरुपति बालाजी मंदिर का मैनेजमेंट उसे न्यूनतम 25,563 रुपए प्रति किलो के दाम बेचता है। यह न्यूनतम कीमत है। अब अगर इस बाल से विग बनाया जाए, तो 6 इंच लंबे बालोंवाला विग औसतन 85 ग्राम का होता है। इसमें भी बालों का वजन मुश्किल से 30-35 ग्राम ही होता है। मतलब एक किलो बाल से 25 विग तो बड़े आराम से बन जाता है। अब जरा बाजार में एक विग की कीमत पता कीजिए। हमने ऑनलाइन वेबसाइट पर जाकर सर्च किया तो मालूम हुआ कि कोई भी विग 100 डॉलर यानी औसतन 6500 रुपए से कम नहीं है। यानी एक किलो बाल से अगर विग ही बनाकर बेचा जाए तो 1 लाख 62 हजार का धंधा। अब 25-30 हजार के कच्चे माल यानी इंसानी बाल से डेढ़ लाख से ऊपर का माल बनाया जा सकता है, तो इसमें लागत कितनी आती होगी और मुनाफा कितना होता होगा, इसका अंदाजा लगा पाना ज्यादा मुश्किल नहीं है।

इंसानी बाल का इस्तेमाल

यह तो हुई बात अच्छी क्वालिटी के इंसानी बाल की। अब हर कोई तो बार-बार सिर मुँडवाता नहीं है। ज्यादातर लोग सैलून जाते हैं, बाल छोटे कराते हैं और उन छोटे-छोटे बालों को सैलून वाला झाड़ू मारकर दुकान से बाहर फेंक देता है। तिरुपति बालाजी में भी ढेर सारे लोग अपने छोटे बाल ही दान में देते हैं, लेकिन वहाँ उन बेकार के बालों को भी कूड़े में नहीं फेंका जाता। कीमत उनकी कम मिलती है, फिर भी उन छोटे बालों को 2016 में 31 रुपए प्रति किलो की न्यूनतम दर से नीलाम किया गया। अब इतनी कीमत भी तभी तो मिल रही है, जब छोटे बालों की भी उपयोगिता है। उनका भी इस्तेमाल है।

दो-तीन इंच या उससे भी छोटे इंसानी बालों का भी इस्तेमाल होता है। कई कंपनियाँ इन बालों को मुलायम खिलौनों में भरती हैं। कई कंपनियाँ इन छोटे बालों से कंबल बनाती हैं। कई कंपनियाँ इन छोटे बालों से अमीनो एसिड निकालकर उनसे कॉस्मेटिक का सामान बनाती हैं और कई कंपनियाँ इन छोटे बालों से अमीनो एसिड निकालकर पौधों के ग्रोथ सप्लीमेंट बनाती हैं। नागपुर की सहकारी कंपनी 'पूर्ती ग्रुप' भी पौधों के लिए अमीनो एसिड बना रही है।

बाल की खाद

नागपुर में बाल की खाद यानी बाल से अमीनो एसिड बनाकर उसे प्लांट बूस्टर के तौर पर इस्तेमाल करने की कहानी का जिक्र करना मुझे प्रासंगिक लगा, क्योंकि इस कहानी से आप उन लोगों का मनोविज्ञान भी समझ सकते हैं, जो

तिरुपति बालाजी में बाल का कारोबार जानते हुए भी भरोसा नहीं कर पाते कि इंसान के बाल भी किसी काम आ सकते हैं। बात 2009-10 की है। महाराष्ट्र के विदर्भ इलाके में वर्धा नाम का जिला है। यहाँ महात्मा गांधी इंस्टीट्यूट ऑफ रूरल इंडस्ट्रियलाइजेशन (एम.जी.आई.आर.आई.) नाम की संस्था के कार्यक्रम में नितिन गडकरी को बुलाया गया था। इंस्टीट्यूट के छात्रों ने अपने प्रोजेक्ट्स की नुमाइश की थी। उन्हीं में से एक प्रोजेक्ट था बाल से अमीनो एसिड बनाने का। नितिन गडकरी को यह बात बड़ी दिलचस्प लगी कि जिन बालों को हेयर कटिंग सैलून वाले कूड़े के ढेर में फेंक देते हैं, उन वालों से पौधों के लिए अमीनो एसिड बनाया जा सकता है। उन्होंने अपने सहयोगी हेमंत जावलेकर से कहा कि इस प्रोजेक्ट को बड़े पैमाने पर शुरू करना चाहिए। केमिस्ट्री से एम.एस-सी. करनेवाले हेमंतजी को बात पसंद आई। उन्होंने इस पर दुनिया भर में हो रहे शोधों का अध्ययन किया।

बाल से खाद बनाने के लिए नितिन गडकरी ने नागपुर के पास अपने पैतृक गाँव में जमीन और संसाधन उपलब्ध कराया। यह तय किया गया कि पहले छोटा सा प्लांट बनाकर देखा जाए कि बाल से अमीनो एसिड कैसे बनता है। हेमंतजी ने आस-पास के बेरोजगार लड़कों को बाल इकट्ठा करने के काम पर लगाया। नागपुर के हेयर कटिंग सैलून वालों के पास जब उन लड़कों ने बताया कि उन्हें बाल चाहिए, तो सब हँसने लगे। कोई मानने को तैयार ही नहीं था कि बाल का भी कोई इस्तेमाल हो सकता है, वे भी छोटे-छोटे बालों का। महीनों की मशक्कत के बाद जैसे-तैसे बाल जुटाया गया। प्लांट में प्रोसेस करके बाल से अमीनो एसिड बनने लगा। फिर भी लोगों को इस प्रोजेक्ट पर भरोसा नहीं था। हेयर कटिंग सैलून

इंसानी बाल से बने अमीनो एसिड से कपास के उत्पादन में 20 प्रतिशत बढ़ोतरी संभव

इंसानी बालों की प्रोसेसिंग करते कर्मचारी

वाले आदतन कटे हुए बालों पर झाड़ू मारकर कूड़े में फेंक देते थे, जबकि पूर्ती ग्रुप के प्लांट में बालों से अमीनो एसिड निकालकर चार-पाँच तरह के प्रोडक्ट बनने लगे थे।

पूर्ती ग्रुप ने शुरुआती कामयाबी के बाद बाल से अमीनो एसिड बनाने का काम बड़े पैमाने पर शुरू करने का फैसला किया। बड़ा प्लांट बनाया गया, लेकिन संकट यही था कि प्लांट चलाने के लिए बाल कहाँ से आएगा ? पूर्ती ग्रुप ने हेयर कटिंग सैलून और ब्यूटी पार्लर संचालकों से अपील की कि वे कटे बालों को कचरे में न फेंकें। इकट्ठा करते रहें, उन बालों को पूर्ती के कर्मचारी हफ्ते में आकर ले जाएँगे। बाल के बदले हेयर कटिंग सैलून वालों को पैसे भी दिए जाने लगे। प्रति किलो बाल के 40-50 रुपए। हेयर कटिंग सैलून संचालकों को इसके बाद लगा कि नहीं, बालों को फेंकना ठीक नहीं है। उन्होंने बाल इकट्ठा करने में मदद शुरू की, क्योंकि उन्हें कचरे में फेंके जाने वाले बालों से भी थोड़ी कमाई होने लगी थी। हालाँकि पूर्ती ग्रुप को अमीनो एसिड प्लांट चलाने के लिए जितने बालों की जरूरत थी, वह हेयर कटिंग सैलून और ब्यूटी पार्लर से पूरी नहीं हो रही थी। आखिरकार पूर्ती ने भी इंसानी बालों के सबसे बड़े बाजार यानी तिरुपति बालाजी का रुख किया। तिरुपति बालाजी से बाल खरीदकर नागपुर के प्लांट में अमीनो एसिड बनाया जाने लगा।

आज पूर्ती ग्रुप बाल से जो अमीनो एसिड बना रही है, उससे विदर्भ के किसानों की किस्मत पलटने लगी है। वर्धा की एम.जी.आई.आर.आई. ने रिसर्च करके साबित किया है कि बालों से बने अमीनो एसिड का इस्तेमाल करने पर कपास का उत्पादन 20 प्रतिशत तक ज्यादा हो सकता है। पूर्ती ग्रुप के अमीनो

एसिड की डिमांड अब विदेश में भी बढ़ गई है। खाड़ी के देशों ने पूर्ती ग्रुप से अमीनो एसिड खरीदने में दिलचस्पी दिखाई है। चूँकि पूर्ती ग्रुप किसानों की सहकारी संस्था के रूप में काम करती है, इसलिए अमीनो एसिड को बिना मुनाफा बेचा जा रहा है। बालों की सफाई से लेकर उनकी प्रोसेसिंग तक के काम में काफी लोगों को रोजगार भी मिला हुआ है।

इंसानी बाल, पौधों का अमृत

यह जानकर आपको हैरानी होगी कि इंसानी बाल में प्राकृतिक तौर पर सबसे ज्यादा नाइट्रोजन पाया जाता है। खेती-बाड़ी में हम जो यूरिया इस्तेमाल करते हैं, उसमें नाइट्रोजन ही होता है। केमिकल वाली यूरिया के विकल्प के तौर पर ऑर्गेनिक नाइट्रोजन के इस्तेमाल को बढ़ावा देनेवाले गोबर की खाद का उपयोग करने की सलाह देते हैं। अब जो नए शोध हुए हैं, उनसे पता चलता है कि गोबर की खाद से ज्यादा बेहतर विकल्प इंसानी बाल की खाद है। गोबर की खाद में नाइट्रोजन की मात्रा सिर्फ 0.2-0.3 प्रतिशत होती है, जबकि इंसानी बाल में 16 प्रतिशत तक नाइट्रोजन होता है।

अमेरिका में एक कंपनी है 'स्मार्ट ग्रो', जिसने इंसानी बालों से खास किस्म की चटाई (मैट) बनाई है। उस चटाई का इस्तेमाल गमलों में उगाए जाने वाले

पौधों के पोषण के लिए किया जाता है। इंसानी बालों से बनी एक चटाई दो से तीन फसली सीजन में पौधों को नाइट्रोजन प्रदान करने के लिए पर्याप्त होती है। इस कंपनी को मिली कामयाबी के बाद अमेरिका में कई कंपनियाँ अब इंसानी बालों को टी–बैग जैसे पाउच में पैक करके बेच रही हैं। इंसानी बालों को गाय, भैंस, बैल के गोबर में मिलाकर वर्मी कंपोस्ट यानी केंचुए की खाद भी बनाई जाती है। इस प्रक्रिया में करीब दो महीने का समय लगता है।

प्राकृतिक तौर पर बालों का विघटन यानी डिकंपोजिशन बहुत धीरे–धीरे होता है। आज किसी के पास इतना समय नहीं है, इसलिए अब बाल की खाद बनाने के लिए अम्लीय या क्षारीय घोल का इस्तेमाल भी किया जा रहा है। खासतौर पर हाइड्रोलाइज्ड सॉल्यूशन, जिसमें अमीनो एसिड और न्यूक्लियोटाइड्स होते हैं। बालों को तरल रूप में बदलने के बाद उनका इस्तेमाल पौधों के शीघ्र विकास और ज्यादा उत्पादन के लिए किया जा रहा है। ऐसे प्रयोग भी हुए हैं, जिनसे पता चलता है कि बालों की लिक्विड खाद का इस्तेमाल करने के बाद काली मिर्च का उत्पादन ज्यादा हुआ और उनकी क्वॉलिटी भी बेहतर पाई गई। महाराष्ट्र के वर्धा में एम.जी. आई.आर.आई. ने पिछले साल कपास के खेतों में इंसानी बाल से बने अमीनो एसिड का प्रयोग किया, तो नतीजे चौंकानेवाले थे। जिन खेतों में इंसानी बाल से बना अमीनो एसिड डाला गया था, वहाँ कपास का उत्पादन करीब 20 फीसदी यानी प्रति हेक्टेयर 2 क्विंटल ज्यादा हुआ। इस तरह की खाद बनाने में उन सभी तरह के इंसानी बालों का इस्तेमाल किया जा सकता है, जिसमें कोई खतरनाक रसायन न मिला हो। इंसानी बालों को जितना बारीक काटा जाता है, उनको खाद में बदलने में उतना ही कम वक्त लगता है।

बाल के इस्तेमाल के बारे में दिलचस्पी बढ़ी तो मैंने पूरी दुनिया में इंसानी बालों के इस्तेमाल के बारे में पढ़ना शुरू किया और जो जानकारी मिली, वह चमत्कृत करनेवाली थी। आपको भी शायद जानकर हैरानी होगी कि सैलून में कटे बालों को हम–आप बेकार का कूड़ा समझते हैं, उसका इस्तेमाल करके कई कंपनियाँ करोड़ों रुपए का कारोबार कर रही हैं। आप जरा बानगी देखिए कि इंसानी बाल कितने काम और कमाल के हैं।

देश और विदेश के बाजार में लंबे बालों की कीमत सबसे ज्यादा है। 4 इंच या उससे लंबे बालों का इस्तेमाल विग बनाने, हेयर एक्सटेंशन बनाने, नकली मूँछ–दाढ़ी बनाने में होता है, जिनका इस्तेमाल फैशन, फिल्म और थिएटर में जमकर

लंबे बालों से विग और हेयर एक्सटेंशन बनाने का कारोबार पूरी दुनिया में हो रहा है

होता है। आपको शायद हैरानी होगी कि इंसानी बालों से विग बनाने का उद्योग आज का नहीं है, बल्कि ईसा पूर्व 1400 में भी मिस्र में विग यानी नकली बाल बनाए जाते थे। मिस्र के पिरामिडों में जो मूर्तियाँ मिली हैं, उनके सिर पर लंबे-लंबे बाल विग ही हैं। मिस्र की सभ्यता पर शोध करनेवाले विद्वानों का कहना है कि मिस्र के लोग अपनी हैसियत से हिसाब से विग पहनते थे। जो फराओ यानी राजा थे, वे बढ़िया क्वालिटी के इंसानी बालों की विग पहनते थे और जो आम लोग थे, वे जानवरों के बाल या फिर पौधों के रेशों से बना विग पहनते थे। मिस्र में विग पहनना शानो-शौकत की निशानी तो था ही, विग पहनकर लोग अपने सिर को तेज धूप से भी बचाते थे। मिस्र में विग बनाने का तरीका बड़ा सीधा और आसान था। बाल या रेशों को मधुमक्खी के छत्ते से निकलनेवाली मोम अथवा गोंद से अपने सिर के नाप के हिसाब से चिपकाकर विग बना लेते थे।

आजकल फैशन इंडस्ट्री में बालों की देखभाल के लिए तमाम तरह के शैंपू, जेल और हेयर ऑयल बनाए जाते हैं। इनकी टेस्टिंग के लिए भी सैलून में कटे हुए बालों की भारी माँग है। ब्यूटी किट में जो ब्रश आता है, वह भी इंसानी बालों से ही बनाया जाता है।

फरवरी 2016 में अपने ही देश के चेन्नई शहर में आईआईटी मद्रास और इंडस्ट्रियल वेस्ट मैनेजमेंट एसोसिएशन ने अंतर-विद्यालय प्रतियोगिता 'यंग एन्वायरमेंटल साइंटिस्ट' आयोजित की थी, जिसमें स्कूली बच्चों को कूड़े-कचरे के

भारतीय महिलाओं के बाल की फैशन इंडस्ट्री में भारी मांग है

प्रबंधन के बारे में अपने अभिनव प्रयोगों के बारे में बताना था। इस प्रतियोगिता में पहला पुरस्कार एस. रागामालिनी नाम की 11वीं की छात्रा को मिला। रागामालिनी ने एक प्रोजेक्ट बनाया था, जिसका नाम था—ह्यूमन हेयर रिइन्फोर्समेंट ऑफ कंक्रीट। रागामालिनी ने अपने प्रोजेक्ट के माध्यम से यह सिद्ध किया कि अगर कंक्रीट ब्लॉक बनाने में इंसानी बालों का भी इस्तेमाल किया जाए, तो कंक्रीट ब्लॉक ज्यादा मजबूत बनते हैं।

बाल का बाजार

इंसानी बालों की कीमत आज के बाजार में कितनी है, यह जाने बिना किसी को भी इसकी अहमियत का अंदाजा नहीं हो सकता। कीमत पता लगाने के लिए आपको ज्यादा पापड़ बेलने की जरूरत नहीं है। इंटरनेट पर सर्च करके देख लीजिए। मैंने भी यही किया। मुझे पहले लगा था कि इसके लिए विदेशी कंपनियों की वेबसाइट खँगालनी होगी, लेकिन यह जानकर सुखद आश्चर्य हुआ कि भारत में ही इंसानी बाल का कारोबार करनेवाली ढेरों कंपनियाँ हैं। तमिलनाडु में तो इंसानी बाल का धंधा अब लघु उद्योग की शक्ल ले चुका है। साल 2000 के बाद तमिलनाडु में दो दर्जन से ज्यादा कंपनियाँ खुल चुकी हैं, जो विग, हेयर एक्सटेंशन और अमीनो एसिड बनाने के लिए इंसानी बालों का निर्यात करती हैं। कई कंपनियाँ तो विग और हेयर एक्सटेंशन बनाकर देश-विदेश में बेचती हैं। इन कंपनियों का सालाना टर्नओवर 20 से 50 करोड़ के बीच है। इंडियन हेयर कंपनी, चेन्नई हेयर फैक्ट्री, ए.एल. किशोर, यूजेए इंपोर्ट ऐंड एक्सपोर्ट, राज हेयर इंटरनेशनल का नाम भारत में शायद लोगों को पता न हो, लेकिन इनकी शोहरत अमेरिका, फ्रांस, जर्मनी

और ब्रिटेन तक है, जहाँ इनका माल, यानी इंसानी बाल और उससे बने उत्पादों की भारी माँग है। तमिलनाडु में करीब दस हजार लोगों को इंसानी बाल उद्योग में रोजगार मिल रहा है।

बालों पर टिकी एक गाँव की अर्थव्यवस्था

तमिलनाडु के ही पड़ोसी राज्य कर्नाटक में यादगीर और कोप्पल जिले हैं, जहाँ बाल के कारोबार ने करीब 3 हजार की आबादी और एक पूरे गाँव की अर्थव्यवस्था ही बदल दी। इंसानी बाल बटोरने और बेचने का केंद्र बन गया एक गाँव, जिसका नाम है भाग्यनगर। 1980 तक भाग्यनगर के लोगों की जिंदगी किसी दुर्भाग्य से कम नहीं थी। फिर तिरुपति बालाजी मंदिर में बालों की बिक्री की खबर मिली तो भाग्यनगर गाँव का भाग्य पलट गया। गाँव के लोगों ने आस-पास के गाँवों से, कचरे के ढेर से बाल इकट्ठा करना शुरू किया। लोग पहले इंसानी बालों को इकट्ठा करके उसे साफ करते थे, जिन्हें तमिलनाडु और आंध्र प्रदेश के बड़े कारोबारी खरीद लेते थे। फिर धीरे-धीरे भाग्यनगर गाँव में ही इंसानी बालों की प्रोसेसिंग की छोटी-छोटी इकाइयाँ खुल गईं। आपाधापी में, बिना वैज्ञानिक तौर-तरीकों से इंसानी बालों की प्रोसेसिंग होने से स्वास्थ्य संबंधी परेशानियाँ हुईं तो प्रशासन ने नियम-कायदे तय कर दिए। बालों की प्रोसेसिंग के काम में जुटे मजदूरों को मास्क और ग्लव्स मुहैया कराया जाने लगा। बालों की सफाई के बाद निकली

दक्षिण भारत में इंसानी बाल की प्रोसेसिंग करती महिलाएँ

दक्षिण भारत में इंसानी बाल का बड़ा उद्योग विकसित हो चुका है

गंदगी को गाँव से दूर निश्चित स्थान पर गहरे गड्ढों में दबाया जाने लगा। इससे कारोबार इतना फला-फूला कि आज अकेले भाग्यनगर गाँव में हर साल करोड़ों रुपए के इंसानी बाल खरीदे और बेचे जा रहे हैं।

500 अरब डॉलर का हो सकता है कारोबार

पूरी दुनिया की बात करें तो इंसानी बाल और उससे जुड़े उद्योगों का कारोबार अरबों डॉलर का है, जो आनेवाले दशक में 500 अरब डॉलर तक पहुँच सकता है। मार्केट रिसर्च करनेवाली फर्म मिनटेल का अनुमान है कि 2017 में अकेले दक्षिण अफ्रीका में 76 करोड़ 10 लाख डॉलर का धंधा इंसानी बालों से हो सकता है। भारत से भी फिलहाल 40 करोड़ डॉलर के बालों का निर्यात किया जा रहा है। चीन में तो गरीबी से निपटने के लिए ग्रामीण इलाकों में महिलाओं ने हेयर हार्वेस्टिंग भी शुरू कर दी है। हेयर हार्वेस्टिंग यानी बालों की खेती। हेयर हार्वेस्टिंग करनेवाली महिलाएँ अपने बाल बढ़ाती ही इसलिए हैं कि उन्हें बेचकर पैसे कमा सकें। भारत में अब तक बालों के बारे में मजाक किया जाता था कि अपनी खेती है, जब चाहे काट लो। अब यह मजाक भी ग्लोबल हकीकत में बदलने लगा है।

बाल उद्योग को कहाँ से मिलता है कच्चा माल

इंसानी बाल उद्योग को कच्चा माल, यानी इंसान के बाल का 20 फीसदी हिस्सा ही मंदिरों से मिलता है। तिरुपति बालाजी के अलावा भी दक्षिण भारत में जितने मंदिर हैं, वहाँ मुंडन कराने के बाद बालों को इकट्ठा किया जाता है, जो ह्यूमन हेयर इंडस्ट्री के काम आता है। डिमांड पूरी करने के लिए कंपनियाँ बाकी

इंसानी बालों की प्रोसेसिंग करते कर्मचारी

के बाल ब्यूटी पार्लर और हेयर कटिंग सैलून से खरीदती हैं। तमिलनाडु में तो कई कंपनियों ने अब लोगों से उन बालों को भी खरीदना शुरू कर दिया है, जो कंघी करते समय सिर से गिरते हैं। महिलाओं को समझाया जाता है कि वो कंघी करने के बाद झड़े बालों को फेंकें नहीं। उन्हें इकट्ठा करती रहें। कंपनी के एजेंट उनके पास जाते हैं और कीमत चुकाकर बाल खरीद लेते हैं। अच्छी क्वालिटी के लंबे बालों की डिमांड इतनी ज्यादा है कि कई देशों में महिलाओं ने इसे अतिरिक्त कमाई का जरिया भी बना लिया है। प्राइसोनॉमिक्स डॉट कॉम की रिपोर्ट के मुताबिक, रूस में महिलाओं के ब्लॉण्ड हेयर यानी सुनहले बाल की विग बनाने के लिए बहुत डिमांड है। अपने बालों की अहमियत पता लगने के बाद अब रूस की कई महिलाएँ पहले अपने बाल लंबे करती हैं और फिर सिर मुँडवाकर 1500 डॉलर तक में बेचती हैं। विग बनाने वाली कंपनियाँ खुशी-खुशी उन्हें बाल के बदले 1500 डॉलर देती हैं, क्योंकि 1500 डॉलर में खरीदे गए बाल से बना विग बड़े आराम से 8000 डॉलर में बिक जाता है।

पूरी दुनिया में विग, हेयर एक्सटेंशन, दवा उद्योग, कॉस्मेटिक्स, फूड और कृषि उद्योग के लिए इंसानी बाल की जरूरत होती है। इंसानी बाल के निर्यात में भारत का दबदबा रहा है, क्योंकि भारत के लोगों के बाल की क्वालिटी सबसे बेहतर मानी जाती है। भारत में आज भी बहुतेरे लोग बालों को डाई नहीं करते। ग्रामीण इलाकों में आज भी कई लोग ऐसे हैं, जो मिट्टी और आँवला, शिकाकाई, रीठा जैसे हर्बल पदार्थों से बाल धोते हैं, न कि केमिकल वाले साबुन या शैंपू से। भारत के लोगों के बालों का टेक्स्चर भी बेहतर माना जाता है। भारत के अलावा दक्षिण

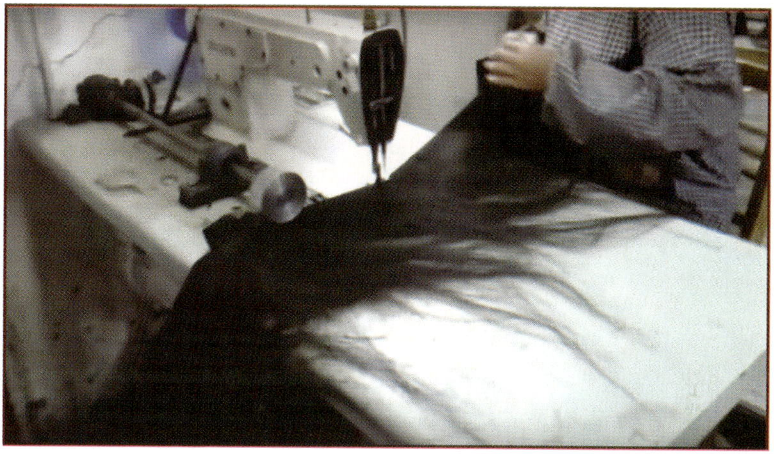

इंसानी बालों से हेयर एक्सटेंशन बनाने की फैक्ट्री

अफ्रीका और चीन से दुनिया में इंसानी बालों की खपत का बड़ा हिस्सा पूरा होता है। चीन ने इस धंधे में अब भारत को चुनौती देनी शुरू की है। भारत में फिलहाल 4500 करोड़ रुपए के बालों का निर्यात हर साल होने लगा है। आनेवाले दिनों में इसमें बढ़ोतरी ही होनी है, क्योंकि इंसानी बालों से बननेवाले उत्पादों की सूची और डिमांड, दोनों लंबी होती जा रही हैं।

बाल की प्रोसेसिंग

इंसानी बाल की प्रोसेसिंग का तरीका काफी लंबा है। तिरुपति बालाजी मंदिर में जहाँ सिर मुँडवाने का इंतजाम है, वहीं पर एक बड़ा सा विशेष रूप से बनाया गया डिब्बा रखा होता है। सिर मूँडने के बाद नाई खुद या फिर तिरुपति बालाजी मंदिर के कर्मचारी बालों को उठाकर उस डिब्बे में डाल देते हैं। उस डिब्बे से बाल सीधे गोदाम में पहुँचते हैं। बालों को सबसे पहले साफ किया जाता है। धूल, रूसी (डैंड्रफ), जूँ और दूसरी तमाम तरह की गंदगी साफ करने के लिए बालों को गरम पानी में धोया जाता है। फिर उन्हें शैंपू से धोकर सुखाया जाता है। इसके बाद साफ किए बालों की छँटाई होती है। साइज के हिसाब से बालों को अलग किया जाता है। एक जैसी लंबाईवाले बालों के बंडल बनाए जाते हैं। उन बंडलों को डाई किया जाता है, यानी उन्हें रंगा जाता है। डाई किए बालों को कंघे जैसे एक विशेष यंत्र से बार-बार निकाला जाता है, ताकि उलझे बाल अच्छी तरह सुलझ जाएँ। अच्छी तरह सुलझाए बालों के बंडलों से बाजार की माँग के मुताबिक विग या फिर हेयर एक्सटेंशन बनाए जाते हैं।

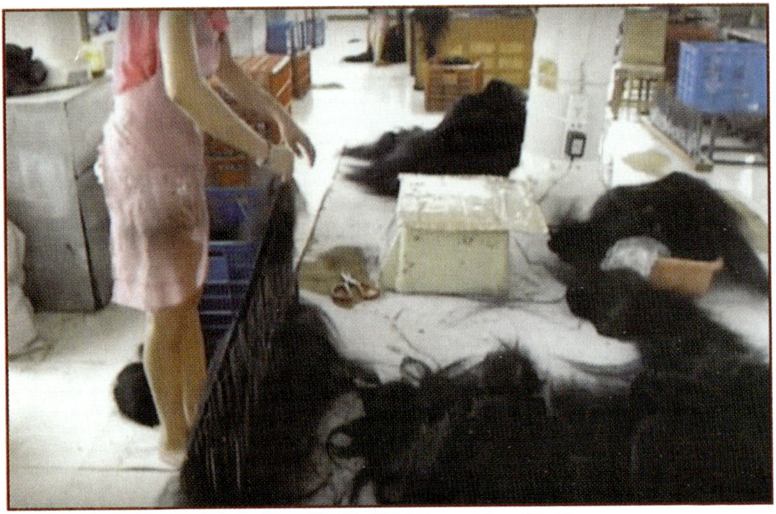

इंसानी बालों की प्रोसेसिंग करते कर्मचारी

जिन बालों का इस्तेमाल अमीनो एसिड बनाने के लिए किया जाता है, उनको साफ करने की प्रक्रिया भी लंबे बालों की तरह ही होती है। फर्क सिर्फ इतना होता है कि छोटे बालों की रँगाई नहीं होती, क्योंकि छोटे बालों से विग या हेयर एक्सटेंशन नहीं बनाया जा सकता। छोटे बालों से अमीनो एसिड बनाया जाता है। अमीनो एसिड भी उन्हीं बालों से बनाया जाता है, जिनको रंगा न गया हो। बाल रँगने की डाई में केमिकल होते हैं। ऐसे रँगे बालों को 'नॉन रेमी हेयर' कहा जाता है, जिनका इस्तेमाल अमूमन अमीनो एसिड बनाने में नहीं किया जाता। रँगे बालों को मुलायम खिलौनों की भराई या फिर कंबल वगैरह बनाने में किया जाता है।

तिरुपति जैसी जागरूकता की जरूरत

धार्मिक मान्यताओं को पूरा करने के लिए तिरुपति बालाजी मंदिर आनेवाले कुल श्रद्धालुओं में से औसतन 20 फीसदी श्रद्धालु भगवान वेंकटेश्वर को बाल-दान करते हैं। यहाँ लगभग 600 नाई औसतन 20 हजार लोगों का मुंडन रोज करते हैं। साल 2016 में तिरुपति बालाजी मंदिर के मैनेजमेंट ने 121.70 टन इंसानी बाल की नीलामी की थी। आप सोचिए कि अगर इतनी बड़ी मात्रा में बाल अगर बेचे नहीं जाते, तो उनका क्या होता? 1980 के दशक तक तिरुपति बालाजी मंदिर को समझ में नहीं आता था कि मुंडन के बालों को ठिकाने कहाँ लगाया जाए। ये बाल बड़ी समस्या बन गए थे, क्योंकि बालों को इकट्ठा करके उनको जला दिया जाता था या

फिर दूर जंगलों में फेंक दिया जाता था। इन बालों से भयानक प्रदूषण फैलता था। समस्या जब हद से ज्यादा बढ़ गई, तो तिरुपति बालाजी मंदिर के आस-पास बाल फेंकने या जलाने पर प्रतिबंध लगा दिया गया। उसके बाद ही मंदिर प्रबंधन को यह खयाल आया कि मुंडन के बाद दान में मिले बालों की समस्या को संपत्ति में बदला जाए। नतीजा आज सबके सामने है।

तिरुपति बालाजी मंदिर की देखा-देखी दक्षिण भारत के कई और मंदिरों ने भी बाल बेचने का प्रयोग किया और सभी जगह यह प्रयोग सफल रहा; लेकिन अफसोस की बात है कि तिरुपति बालाजी मंदिर की कामयाबी से अब तक उत्तर और पूर्वी भारत के मंदिरों ने कोई सबक नहीं सीखा है। गंगा, यमुना, सरयू, राप्ती, गंडक, कोसी जैसी नदियों के किनारे बसे सभी शहरों में नदियों के तट पर श्मशान घाट बने हुए हैं, जहाँ अंतिम संस्कार से पहले सिर मुँडवाने का रिवाज है। सिर मुँडवाने के बाद बाल वहीं छोड़ दिया जाता है या फिर नदी में प्रवाहित कर दिया जाता है। राजस्थान में पुष्कर हो या फिर बिहार का गया, लोग अपने पितरों के मोक्ष के लिए पिंडदान करने जाते हैं। पिंडदान करने से पहले सिर के बाल मुँडवाए जाते हैं और मुंडन के बाद बाल वहीं कहीं फेंक दिए जाते हैं। हिंदू धर्म में प्रत्येक राज्य में प्रत्येक जाति-समुदाय के लोग बच्चों का पहले साल, तीसरे साल या पाँचवें साल मुंडन कराते हैं। शक्तिपीठों पर या फिर माता के मंदिरों में मुंडन कराने का विशेष महत्त्व माना जाता है, लेकिन बच्चों के मुंडन के बाद भी बाल को यों ही फेंक दिया जाता है। तिरुपति बालाजी मंदिर ने जिन बालों को संपत्ति में बदल दिया, उन्हीं बालों को उत्तर प्रदेश, बिहार, उत्तराखंड, पंजाब, हरियाणा, राजस्थान जैसे राज्यों में आज भी समस्या बनाकर बिखेर दिया जाता है। इनसे नदियाँ प्रदूषित हो रही हैं, नगर-कस्बों में नाले-नालियाँ जाम होती हैं।

देश के बाकी मंदिर कब समझेंगे बाल की कीमत

क्या तिरुपति बालाजी की तरह देश के सभी मंदिरों और धर्मस्थलों में बाल इकट्ठा करके उनको शोधित करके बेचना मुश्किल है? कतई नहीं। इसके लिए बहुत ज्यादा इन्फ्रास्ट्रक्चर बनाने की जरूरत भी नहीं है। जरूरत है तो सिर्फ जागरूकता पैदा करने की। अगर सभी प्रमुख मंदिरों और तीर्थस्थलों पर नगर पालिका, नगर निगम या स्थानीय प्रशासन ऐसी व्यवस्था बना दे कि बाल इकट्ठा करके रखने और उन्हें साफ करने की सहूलियत हो तो मुंडन के बाल समस्या की बजाय संपदा बन सकते हैं। मुंडन करनेवालों को सिर्फ समझाने की आवश्यकता है

कि अगर वे बाल फेंकने की बजाय करीने से इकट्ठा करें तो उन्हें अतिरिक्त कमाई हो सकती है, तो भला वे बाल क्यों फेंकेंगे? एक बार बाल इकट्ठा होने भर की देरी है, बाल के कारोबारी इसे हाथोहाथ खरीदने के लिए तैयार होंगे। फिर तिरुपति बालाजी की तरह देश के बाकी शहरों और मंदिरों की आमदनी का नया जरिया पैदा होगा। इससे हेयर कटिंग सैलून चला रहे लोगों को भी अतिरिक्त कमाई का रास्ता मिलेगा और वे भी बाल फेंकने की बजाय उन्हें इकट्ठा करना शुरू कर देंगे। बाल का बिजनेस शुरू होगा तो उससे रोजगार के नए अवसर पैदा होंगे। भारत स्वच्छ बनेगा और संपन्नता बोनस के रूप में मिलेगी।

❑

घर का कूड़ा-कबाड़ करोड़ों का

बात थोड़ी पुरानी है। ऑस्ट्रेलिया के मेलबर्न शहर में रिचर्ड प्रैट नाम के एक सज्जन थे। उनके दिमाग में बिजनेस का कीड़ा कुलबुलाया। पूँजी नहीं थी और आइडिया भी ऐसा था कि कोई पूँजी लगाने के लिए तैयार नहीं होता। रिचर्ड प्रैट साहब कबाड़ खरीदने का कारोबार शुरू करना चाहते थे। बड़ी मुश्किल से उन्होंने अपनी चाची, जिनका नाम आइडा विसबॉर्ड था, उनको राजी किया। चाची ने एक हजार पाउंड का लोन दिया, जिससे 1948 में रिचर्ड प्रैट ने कंपनी शुरू की। नाम रखा—'विसी इंडस्ट्रीज', जिसके जरिए रिचर्ड प्रैट लोगों के घरों से पुराना अखबार और रद्दी कागज खरीदते थे। रद्दी कागजों की प्रोसेसिंग करते थे और उससे पैकिंग के लिए कागज के डिब्बे बनाते थे। आज विसी इंडस्ट्रीज में 9500 लोग नौकरी करते हैं और इस कंपनी की सालाना बिक्री है 5 अरब अमेरिकी डॉलर। रिचर्ड प्रैट का रद्दीवाला कारोबार आज उनके बेटे एंथनी प्रैट सँभाल रहे हैं। कारोबार का विस्तार ऑस्ट्रेलिया से अमेरिका तक हो चुका है। प्रैट फैमिली आज की तारीख में ऑस्ट्रेलिया के सबसे अमीर लोगों में शुमार है।

रिचर्ड प्रैट की कहानी बताने की जरूरत इसलिए महसूस हुई, क्योंकि भारत में आज की तारीख में कूड़ा-कचरा सबसे बड़ी समस्या बन चुका है। घर की रद्दी दस रुपए किलो बेचकर पिंड छुड़ानेवालों को अंदाजा ही नहीं है कि उनका कबाड़ करोड़ों-अरबों रुपए का बिजनेस एंपायर खड़ा करने का साधन है। जिसने कबाड़ की कीमत को समझ लिया, वह मालामाल हो गया। आपको अगर लगता है कि ऐसा चमत्कार विदेशों में ही मुमकिन है, तो चलिए कुछ और लोगों की कहानी आपको बताते हैं।

आपने विल्मा रोड्रिग्स का नाम शायद नहीं सुना होगा। विल्मा बेंगलुरु में रहती हैं। 1980 के दशक में विल्मा टूर गाइड का काम करती थीं। बाद में वे पत्रकार बन गईं। साल 2001 में विल्मा ने 'साहस' के नाम से एक एनजीओ शुरू किया, जिसके जरिए वे लोगों को सफाई की अहमियत और कूड़ा प्रबंधन का तरीका सिखाने में जुट गईं। जल्द ही विल्मा को समझ में आ गया कि कूड़ा प्रबंधन को अगर सिर्फ समाजसेवा समझा जाएगा तो बात नहीं बनेगी। 2013 में विल्मा ने अपने 'साहस' को कूड़ा प्रबंधन कंपनी में बदल दिया। 'साहस जीरो वेस्ट सॉल्यूशंस' नाम की कंपनी ने आर्थिक रूप से कमजोर लोगों को नौकरी पर रखा और लोगों के घर, दुकान और फैक्ट्रियों से कचरा इकट्ठा करना शुरू किया। हर तरह का कचरा, गीला कचरा, सूखा कचरा, प्लास्टिक…। उन्होंने बेंगलुरू में छोटे-छोटे सेंटर बनाए, जहाँ गीले और सूखे कचरे की प्रोसेसिंग की जाने लगी। आज विल्मा की कंपनी 'साहस जीरो वेस्ट सॉल्यूशंस' रोजाना 25 टन कूड़े-कचरे की प्रोसेसिंग करती है, उससे काम की चीज़ें बनाती है। विल्मा की कूड़ा प्रबंधन कंपनी में आज 200 लोगों को रोजगार मिला हुआ है, जिनमें से 22 लोग फुल टाइम नौकरी करते हैं, जिनकी तनख्वाह 10 हजार से एक लाख रुपए प्रति माह के बीच है। 2016 में इस कंपनी को 4 करोड़ 80 लाख रुपए का राजस्व मिला था।

रसोई से निकलने वाला कचरा शहरों में गंदगी की बड़ी वजह है

गीले कचरे की कीमत तुम कब समझोगे हिंदुस्तानी बाबू!

आम घरों से दो तरह का कचरा रोज निकलता है। पहला होता है सूखा कचरा, जिसमें लोहे के टुकड़े, प्लास्टिक की बोतलें और डिब्बे, दवाइयों की शीशियाँ, पैकिंग में इस्तेमाल होनेवाले गत्ते, पेन-पेंसिल, पुराना अखबार, कॉपी-पुस्तक वगैरह। इन्हें आमतौर पर लोग कबाड़ीवाले को बेच देते हैं और खुश होते हैं कि चलो, कबाड़ से कुछ तो कमाई हुई। दूसरा होता है गीला कचरा, यानी रोज हमारे-आपके घर की रसोई से निकलनेवाली जूठन, सब्जियों और फलों के छिलके, जिन्हें आज भी किसी खाली प्लाट, नाली के किनारे या कहीं भी फेंक दिया जाता है। सबसे बड़ी मुसीबत गीला कचरा ही है। इसे घर में रखा भी नहीं जा सकता, क्योंकि यह जल्दी से सड़ जाता है और घर क्या, आस-पड़ोस में भी बदबू फैलाता है।

इस गीले कचरे को हम-आप मुसीबत समझते हैं तो वजह बस यही है कि हमें गीले कचरे की कीमत का अंदाजा ही नहीं है। हम अपनी ये बला जल्द से जल्द ठिकाने लगाने के चक्कर में भूल जाते हैं कि गीले कचरे को इधर-उधर फेंककर हम शहर को गंदा कर रहे हैं और देश को बड़ी आर्थिक चपत भी लगा रहे हैं। गीले कचरे की समस्या और गलत सोच सिर्फ हिंदुस्तान में नहीं है। पूरी दुनिया इससे परेशान है। अमेरिका में भी चार-पाँच साल पहले तक यह बड़ी गंभीर समस्या थी। न्यूयॉर्क सिटी में ही हर साल एक करोड़ 40 लाख टन घरेलू कूड़ा निकलता है, जिसे लैंड फिल साइट्स यानी कूड़ा फेंकने के निर्धारित ठिकानों तक पहुँचाने के लिए 40 करोड़ डॉलर सालाना खर्च करना पड़ता था।

न्यूयॉर्क में लोगों को गीला और सूखा कचरा अलग रखने के लिए जागरूक किया जा रहा है

न्यूयॉर्क सिटी में घरेलू कचरा उठाने के लिए विशेष वाहनों का प्रयोग होता है

2013 में न्यूयॉर्क सिटी के मेयर माइकल आर ब्लूमबर्ग ने घरेलू कचरे को रिसाइकिल्ड करने एक महत्त्वाकांक्षी योजना बनाई। उन्होंने न्यूयॉर्क सिटी नगर निगम की ओर से सभी घरों को डस्टबिन मुहैया कराना शुरू किया। लोगों को समझाया गया कि वे गीला कचरा अलग डस्टबिन में डालें, उसमें सूखा कचरा न मिलाएँ। लोगों को कहा गया कि अगर नगर निगम का कर्मचारी कूड़ा लेने न आए तो लोग थोड़ा सब्र रखें। अगर गीला कचरा सड़ने का खतरा हो तो उसे प्लास्टिक बैग में बाँधकर फ्रीजर में रख दें। न्यूयॉर्क सिटी के लोगों ने बात समझी और इस पर अमल करना शुरू कर दिया। न्यूयॉर्क सिटी के नगर निगम ने इस काम में ऑर्गेनिक कंपोस्ट यानी जैविक खाद बनानेवाली कंपनियों से करार किया। गीला कचरा उन कंपनियों के हवाले किया और उससे जैविद खाद बनाना शुरू कर दिया।

आज की तारीख में न्यूयॉर्क सिटी के गीले कचरे से आधा दर्जन से ज्यादा कंपनियाँ जैविक खाद बना रही हैं। हडसन वैली में मैकेनरो ऑर्गेनिक फार्म नाम की कंपनी है, जो सबसे बड़े पैमाने पर गीले कचरे से जैविद खाद बनाती है और खुद ऑर्गेनिक खेती भी करती है। इस कंपनी ने 2016-17 में गीले कचरे से 16 हजार घन गज (क्यूबिक यार्ड) जैविक खाद का उत्पादन किया था। इसमें से आधी से ज्यादा जैविक खाद कंपनी के अपने फार्म में इस्तेमाल हो गई। जो खाद बची थी, उसे दूसरे किसानों और बागवानी का सामान बेचनेवाली दुकानों ने खरीद लिया। इस जैविक खाद की औसत कीमत थी 48 डॉलर प्रति घन गज, यानी भारतीय मुद्रा में करीब 3100 रुपए प्रति घन गज। गीले कचरे के निस्तारण की यह योजना इतनी असरदार है कि न्यूयॉर्क सिटी नगर निगम ने 2017 में लोगों को डस्टबिन बाँटने,

जागरूक करने और गीला कचरा ढोने का सामान खरीदने में 2 करोड़ 77 लाख डॉलर का बजट आवंटित किया है। गीले कचरे से बननेवाली जैविक खाद खरीदने के लिए न्यूयॉर्क सिटी की वेबसाइट पर जानकारी दी जा रही है। लोग बचा-खुचा खाना कहीं भी फेंकने की आदत से बाज आएँ, इसके लिए घरों में डस्टबिन पहुँचाने के साथ-साथ न्यूयॉर्क शहर में 100 जगह चिह्नित की गई हैं। पूरे शहर में 200 जगह सामुदायिक कूड़ा संग्रह केंद्र भी चलाए जा रहे हैं।

गीले कचरे से खाद बनाने में अब भारत भी जुट गया है, लेकिन गीले कचरे से यूरोप और अमेरिका में अब बायोगैस और बिजली भी बनाई जाने लगी है। घरों से निकलनेवाले किचन वेस्ट से खाद बनाने का फॉर्मूला बहुत आसान है। जिन्होंने भी विज्ञान पढ़ा है, उन्हें पता होगा कि जितने भी जैविक पदार्थ हैं, उसमें कार्बन, हाइड्रोजन और ऑक्सीजन जरूर होता है। कार्बन और हाइड्रोजन के खास अनुपात में मिश्रण से मीथेन गैस बनती है। गीले कचरे से उसी मीथेन गैस को निकालने के लिए एनारोबिक डायजेस्टर नाम की तकनीक कई साल पहले से उपलब्ध है।

अमेरिका में अब गीले कचरे से ऊर्जा बनाने का काम बड़े पैमाने पर शुरू हो गया है। क्वाँटम बायोपावर नाम की अमेरिकी कंपनी ने 2017 में कनेक्टिकट राज्य के साउथिंग्टन शहर में एक करोड़ 40 लाख डॉलर की लागत से एक प्लांट लगाया है, जहाँ गीले कचरे से बायोगैस का उत्पादन हो रहा है। मीथेन गैस के औद्योगिक इस्तेमाल के लायक बनाने के लिए उसमें से भाप और कार्बन डाई ऑक्साइड को विलग करना होता है। इसके लिए अमेरिका के नेशनल ग्रिड ने 3 करोड़ डॉलर का प्लांट लगाने की योजना बनाई है। हालाँकि गीले कचरे से मीथेन गैस बनाने का धंधा थोड़ा महँगा है। इस प्रक्रिया में प्रति टन 35 से 50 अमेरिकी डॉलर का खर्च आता है, लेकिन अमेरिका में कूड़ा प्रबंधन और ऊर्जा के विशेषज्ञों का कहना है कि गीले कचरे को लैंडफिल्स में डालने की तुलना में मीथेन गैस बनाने का खर्च आधा ही है।

अब लोग कहेंगे कि कहाँ न्यूयॉर्क और कहाँ भारत! माना कि न्यूयॉर्क नगर निगम की तरह हमारे देश के शहरों के पास संसाधन नहीं हैं। कूड़े से गैस बनाने की तकनीक महँगी है, संयंत्र लगाने के उपकरण महँगे हैं, यहाँ शहरों के आस-पास खेती के लिए बड़े-बड़े ऑर्गेनिक फार्म नहीं हैं; लेकिन क्या हमारे पास सकारात्मक सोच भी नहीं है? हम नगर निगमों में गीले कचरे से बायोगैस बनानेवाले प्लांट नहीं लगा सकते, लेकिन गीले कचरे से जैविक खाद तो बना सकते हैं?

भारत में अब गीले कचरे से खाद बनाने की जागृति उत्पन्न हो चुकी है।

केंद्रीय मंत्री नितिन गडकरी के सरकारी आवास पर लगी घरेलू कचरे से खाद बनाने की मशीन

केंद्रीय मंत्री नितिन गडकरी का इंटरव्यू करने के दौरान मैंने उनके आवास पर भी वह मशीन देखी, जिसमें रसोई का बचा-खुचा खाना, सब्जियों और फलों के छिलके और पेड़ों से गिरी पत्तियाँ डालकर जैविक खाद बनाई जाती है। गडकरीजी के दिल्ली वाले सरकारी आवास में पेड़-पौधों की खाद घरेलू कचरे से ही बन रही है। अब तो उन्होंने नई दिल्ली नगर पालिका (एनडीएमसी) को भी कहना शुरू कर दिया है कि इलाके में पेड़-पौधों की कटाई-छँटाई से जो कचरा निकलता है, उसे फेंकने की बजाय उनके घर पहुँचा दो, वहाँ से खाद बनवा लो और दिल्ली की हरियाली बढ़ाओ।

सस्ती और आसान है गीले कचरे से खाद बनाने की तकनीक

गीले कचरे से खाद बनाने की तकनीक सीखने के लिए आपको कहीं से भी विशेष प्रशिक्षण लेने की जरूरत नहीं है। ऐसी मशीनें बहुत महँगी भी नहीं हैं और ऐसा भी नहीं है कि घरेलू कचरे से खाद बनाने की मशीन विदेश से मँगानी पड़ती है। आपको बताएँ कि मुंबई की कंपनी एक्सेल इंडस्ट्रीज प्राइवेट लिमिटेड ने बायोनीयर नाम की मशीन बनाई है, जो सिर्फ 24 घंटे में घरेलू कचरे को जैविक खाद में बदल देती है। यह कंपनी 1941 से खेती के लिए केमिकल बनाती थी। करीब 20

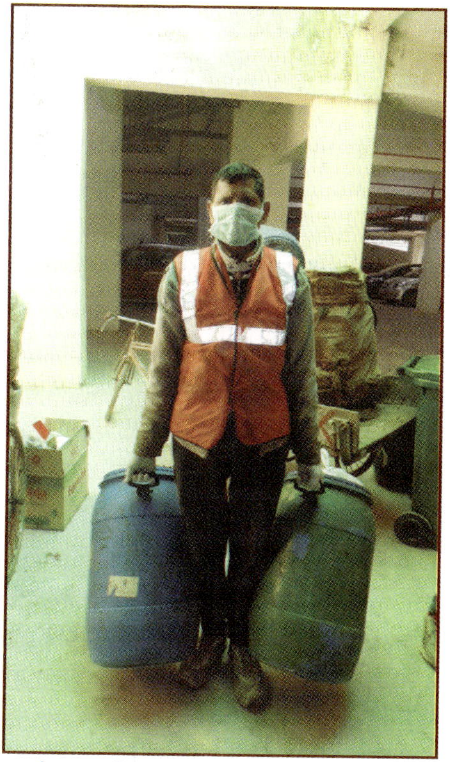

गौर ग्रुप की टाउनशिप में घरेलू गीले कचरे से जैविक खाद बनाई जाती है

साल पहले कंपनी के प्रबंधकों ने कचरा प्रबंधन की तकनीक विकसित करने के बारे में सोचा। सिर्फ सोचा नहीं, बल्कि कचरे की प्रोसेसिंग करनेवाली मशीन भी विकसित कर ली। आज इस कंपनी ने खुद भी कचरे से खाद बनाने की फैक्टरी लगा रखी है। अहमदाबाद में उस फैक्ट्री में रोज पाँच सौ टन कचरे से खाद बनाई जाती है, जिसे 'सेलरिच' के ब्रांड नाम से बेचा भी जा रहा है।

एक्सेल इंडस्ट्रीज ने पहले ऑर्गेनिक वेस्ट कन्वर्टर नाम की मशीन बनाई थी। इस तरह की अलग-अलग क्षमता की मशीनें उपलब्ध हैं। छोटी मशीन में एक बार में 10 किलो तक कचरे की प्रोसेसिंग करके उसे जैविक खाद में बदला जा सकता है, जबकि बड़ी मशीन 170 किलो कचरा एक बार में प्रोसेस कर सकती है। 2016 में बायोनीयर नाम की मशीन आई, जो चार साइज बाजार में उपलब्ध है। इस नई मशीन में 100 किलो से 400 किलो तक कचरे की प्रोसेसिंग एक बार में हो सकती है। अकेले इसी कंपनी ने अब तक 1500 से ज्यादा मशीनें भारत में बेची हैं।

आज देश के हर बड़े शहर में घरेलू कचरे से जैविक खाद बनानेवाली मशीन आसानी से मिल रही है। ऑर्गेनिक वेस्ट कंपोस्टर, फूड वेस्ट कंपोस्टिंग मशीन, रैपिड ऑर्गेनिक कंपोस्टर, ऑर्गेनिक वेस्ट कन्वर्टर जैसे नाम से बिकनेवाली सभी मशीनें एक जैसा काम करती हैं। बड़ी मशीनों की कीमत एक लाख से 10 लाख रुपए तक है, जो उनकी क्षमता पर निर्भर करता है। बड़ी मशीनें ग्रुप हाउसिंग सोसायटी और छोटे पैमाने पर कचरे से जैविक खाद बनानेवाली औद्योगिक इकाइयों के लिए

फायदेमंद हैं। अगर आप अपने घर के लिए मशीन खरीदना चाहते हैं तो वह भी संभव है, क्योंकि आज बाजार में घरेलू कचरे से जैविक खाद बनानेवाली बहुत छोटी मशीनें भी मौजूद हैं। महाराष्ट्र के पुणे की भोर इंजीनिरिंग प्राइवेट लिमिटेड ने ऐसी ही एक मशीन बनाई है, जो एक बार में दो किलो कचरे की प्रोसेसिंग करती है। इस मशीन की कीमत 31 हजार रुपए है।

आपको अपनी जरूरत के हिसाब से छोटी मशीन खरीदनी हो या बड़ी मशीन, आप इंटरनेट पर जाकर सर्च कर सकते हैं। देश में चल रही करीब-करीब सभी बड़े ऑनलाइन शॉपिंग पोर्टल, जैसे कि इंडिया मार्ट, अमेजन पर भी ऐसी मशीनों का पूरा ब्योरा उपलब्ध है। आवास और नगरीय कार्य मंत्रालय भारत सरकार की वेबसाइट 'स्वच्छ भारत अर्बन डॉट इन' पर ऐसी 82 भारतीय कंपनियों की सूची भी दी गई है, जो घरेलू जैविक कचरे से खाद बनाने की मशीनों का उत्पादन कर रही हैं। इस वेबसाइट पर वेस्ट कंपोस्ट बनानेवाली मशीनों की क्षमता, उनकी कीमत और वारंटी के बारे में भी बताया गया है। आपकी सुविधा के लिए मैं यहाँ उस वेबसाइट का लिंक भी लिख रहा हूँ—

http://www.swachhbharaturban.in/sbm/home/lib/content/LIST%20OF%20DECENTRALISED%20COMPOST%20MACHINES%20and%20SUPPLIERS 18Feb17.pdf

जिन लोगों के लिए कंपोस्ट बनानेवाली मशीन खरीदना भी संभव नहीं है, वे देसी तरीके से भी कचरे से खाद बना सकते हैं। इसके लिए आप प्लास्टिक का कोई टब या मिट्टी का चौड़े मुँहवाला घड़ा भी इस्तेमाल कर सकते हैं। तरीका आसान है। पहले टब या मिट्टी के घड़े की पेंदी में चार-छह जगह छेद कर दीजिए, ताकि गीले कचरे का पानी निकलने का रास्ता बन जाए। फिर मिट्टी की एक परत बिछाइए। उसके ऊपर घरेलू कचरा फैला दीजिए। फिर सूखी पत्तियाँ डालिए। फिर से कचरे की परत और उसके ऊपर सूखी पत्तियाँ। अब कचरे से खाद बनानेवाले पात्र को ढक दीजिए, ताकि उसमें गरमी बनी रहे। ध्यान सिर्फ यह रखना है कि जिस बरतन में आप कचरे की खाद बना रहे हैं, उसमें नमी पर्याप्त बनी रहे। इसके लिए बीच-बीच में थोड़े से पानी का छिड़काव करते रहिए। इस प्रक्रिया में जैविक खाद 15 से 20 दिन में बन जाती है, जिसका उपयोग आप गमलों में, किचन गार्डन में या फिर घर के आस-पास के पेड़-पौधों के लिए कर सकते हैं।

बड़ा देश, बड़ी संभावनाएँ

घरेलू कचरे से कृषि और बागवानी में क्रांति आ सकती है, इस बात को अमेरिका और यूरोप जैसे देशों ने बहुत पहले से समझा। इसीलिए उन देशों में कचरे से जैविक खाद बनाने का अभियान अब बड़े पैमाने पर चलाया जा रहा है। इस काम को नगर निगम की जिम्मेदारी समझने की बजाय न्यूयॉर्क सिटी जैसे वैश्विक महानगरों ने व्यावसायिक दृष्टि से देखा है। शहरों में स्वास्थ्य के प्रति चेतना बढ़ी है, इसलिए लोग अब ऑर्गेनिक तरीके से, बिना केमिकल के पैदा की गई सब्जियाँ, फल और अनाज महँगे दाम पर भी खरीद रहे हैं। इससे ऑर्गेनिक खेती का चलन बढ़ा है और ऑर्गेनिक खेती के लिए सबसे महत्त्वपूर्ण संसाधन जैविक खाद है, जो घरेलू कचरे से भरपूर मात्रा में पैदा की जा सकती है।

भारत जितने विशाल देश में जैविक खेती और जैविक खेती के लिए कचरे से खाद बनाने की कितनी अपार संभावनाएँ हैं, इसका अध्ययन कुछ साल पहले आईआईटी मद्रास के ई.एस. अरविंद ने किया था। उन्होंने बताया कि भारत में घर-घर कूड़ा उठाने के लिए नगर निगम की ओर से अभियान तो चलाया जा रहा है, लेकिन इससे कचरे की समस्या का समाधान नहीं हो रहा। आज भी लोग सड़कों, गलियों और नाले में कूड़ा फेंक रहे हैं। नगर निगमों की गाड़ियाँ खुले ट्रकों में कचरा ढोती हैं, जिनसे रास्ते भर कचरा गिरता रहता है और दुर्गंध भी फैलती है। कचरे की प्रोसेसिंग देश में मुश्किल से 35 नगर निकायों में हो रही है और वह भी आधी-अधूरी। कूड़ा बीननेवाले भी कूड़े के ढेर से सिर्फ कागज, प्लास्टिक और लोहा चुनते हैं और इस चक्कर में बाकी कूड़े को इधर-उधर बिखेर देते हैं।

भारत में शहरी आबादी लगातार बढ़ रही है और उसी अनुपात में कचरा भी बढ़ रहा है, क्योंकि शहरों में कचरे को ठिकाने लगाने के लिए जमीन उपलब्ध नहीं है। नगर निगमों पर दबाव है, इसलिए सफाई कर्मचारी कूड़ा डालनेवाली जगहों पर अकसर कूड़े के ढेर में आग लगा देते हैं, जिससे जानलेवा वायु प्रदूषण होता है। बड़े-बड़े शहरों की लैंडफिल साइट्स अब कूड़े के पहाड़ में बदल गई हैं। दिल्ली का उदाहरण हमारे सामने है, जहाँ 2017 में उत्तर प्रदेश की सीमा पर बना कूड़े का पहाड़ धसकने से हादसा हो गया। ऐसे हादसे बाकी महानगरों में भी आनेवाले दिनों में हो सकते हैं। ई.एस. अरविंद ने अपनी रिसर्च में बताया है कि देश में शहरों की आबादी हर साल तीन-साढ़े तीन प्रतिशत की दर से बढ़ रही है। भारत में फिलहाल शहरी क्षेत्रों में सालाना 4 करोड़ 20 लाख टन कचरा निकलता है, जिसमें प्रतिवर्ष

1.3 प्रतिशत की दर से वृद्धि हो रही है। नगर निकाय कचरा उठाने में नाकाम हैं, क्योंकि एक टन कचरा उठाने पर पाँच सौ से 15 सौ रुपए की लागत आती है। अब नगर निकायों के पास कचरा उठाने के लिए ही पर्याप्त धन नहीं है तो फिर उसकी प्रोसेसिंग करने, उसे शोधित करने का फंड कहाँ होगा? मजबूरी में नगर निगमों का सफाई विभाग घरों से कचरा उठवा भी लेता है तो उसे कहीं और खुले में फेंक आता है। इससे गंदगी की समस्या दूर कहाँ होती है?

अपनी रिसर्च में ई.एस. अरविंद ने बताया कि शहरों में जितना ठोस कचरा निकलता है, उसमें से 30 से 55 प्रतिशत तक जैविक कचरा होता है, जिसे जैविक खाद में बदला जा सकता है। उन्होंने सुझाव दिया कि ऑर्गेनिक वेस्ट को कंपोस्ट बनाया जाए। जरूरी नहीं है कि सभी जैविक कचरे को मशीन से जैविक खाद में बदला जाए। जिन शहरों में 50 टन तक कचरा रोज निकलता है, वहाँ जैविक कचरे को अलग करके वर्मी कंपोस्ट, यानी केंचुए वाली खाद बनाई जा सकती है। जहाँ 50 से 500 टन प्रतिदिन कचरा निकलता है, वहाँ कुछ कचरे से वर्मी कंपोस्ट बनाया जा सकता है, बाकी कचरे को मशीन में प्रोसेस करके जैविक खाद में बदला जा सकता है। जिन शहरों में रोजाना 500 टन से ज्यादा कचरा निकलता है, वहाँ मशीन से कंपोस्टिंग करने के अलावा बायोगैस बनाने का प्लांट भी लगाया जा सकता है। हर शहर के लिए जरूरत के हिसाब से योजना बनाना जरूरी है, क्योंकि बिना सोचे-विचारे अगर सभी शहरों में जैविक कचरे से सिर्फ खाद बनाने या सिर्फ बायोगैस बनाने की अंधी दौड़ शुरू हुई, तो कचरा प्रोसेसिंग का प्रोजेक्ट फेल हो जाएगा, या तो प्रोसेसिंग के लिए पर्याप्त कचरा नहीं मिलेगा या फिर प्रोसेस किए गए कचरे से बने उत्पाद का कोई खरीदार नहीं मिलेगा।

कचरे से खाद बनाना खर्च नहीं, निवेश है

घरेलू कचरे से जैविक खाद बनाना आपको फिजूल का खर्च महसूस होता होगा, लेकिन एक बार जैविक खाद की कीमत और माँग के बारे में पता लगाकर तो देखिए। अभी जो आपको खर्च महसूस हो रहा है, वही खर्च आपको निवेश लगने लगेगा। आज बाजार में किसी नर्सरी पर जाकर पता कीजिए। जैविक खाद का 5 किलो का पैकेट भी आपको सौ-डेढ़ सौ रुपए से कम में नहीं मिलेगा। यह भी सच्चाई है कि भारत में पिछले 5 दशक से जैविक खाद की माँग की तुलना में उत्पादन हर साल कम रहा है। तो कचरे की खाद बनाने के बाद यह सोचना नहीं पड़ेगा कि उस खाद को अगर हम अपने निजी इस्तेमाल में नहीं खपा पाए

तो क्या होगा? अगर देश की जरूरत से ज्यादा भी जैविक खाद का उत्पादन होने लगे तो अच्छी बात है, क्योंकि तब भारत जैविक खाद को निर्यात भी कर सकेगा। आपको शायद यह जानकर हैरानी होगी कि पूरी दुनिया में जैविक खाद की डिमांड 7 प्रतिशत सालाना की दर से बढ़ रही है। अमेरिका की 'परसिस्टेंस मार्केट रिसर्च' का दावा है कि 2025 तक जैविक खाद का कारोबार 1023 करोड़ अमरीकी डॉलर का हो जाएगा, जो 2016 में 557 अरब डॉलर का था। फिलहाल जैविक खाद निर्यात करने के मामले में बेल्जियम दुनिया का नंबर वन देश है। बेल्जियम ने 2015 में 11 लाख 50 हजार टन जैविक खाद का निर्यात किया था। नीदरलैंड्स दूसरे और अमेरिका तीसरे नंबर पर है। जैविक खाद की सबसे ज्यादा डिमांड फ्रांस में है।

सरकार भी मदद को तैयार

ऑर्गेनिक कचरे से खाद बनाने वालों को सरकार भी हरसंभव मदद करने के लिए तैयार है। केंद्र सरकार पहले से ही नेशनल मिशन फॉर सस्टेनेबल एग्रीकल्चर, परंपरागत कृषि विकास योजना, मिशन फॉर इंटीग्रेटेड डेवलपमेंट ऑफ हॉर्टीकल्चर, नेशनल मिशन ऑन ऑयलसीड्स ऐंड ऑयल पाम, नेशनल बायोगैस ऐंड मैन्यूर मैनेजमेंट प्रोग्राम, नेटवर्क प्रोजेक्ट ऑन ऑर्गेनिक फार्मिंग और नेशनल प्रोग्राम ऑन ऑर्गेनिक प्रोडक्शन जैसे कार्यक्रम चला रही है। इन्हीं के तहत 4 अगस्त, 2015 को ही केंद्र सरकार ने जैविक खाद उत्पादन को बढ़ावा देने की नीति का ऐलान किया था।

केंद्र सरकार आजकल नेशनल मिशन फॉर सस्टेनेबल एग्रीकल्चर कार्यक्रम के तहत फसली कचरा, यानी सब्जियों और फलों के छिलकों, पत्तियों से जैविक खाद बनाने का प्लांट लगाने के लिए राज्य सरकारों और सरकारी एजेंसियों को 100 प्रतिशत अनुदान दे रही है। यह अनुदान एक करोड़ 90 लाख रुपए प्रति जैविक खाद उत्पादन इकाई के आधार पर दिया जा रहा है। व्यक्तिगत तौर पर अगर कोई सब्जियों और फलों के अवशेष से खाद बनाने का प्लांट लगाना चाहे तो 3 हजार टन प्रतिवर्ष क्षमता का प्लांट लगाने पर उसे नाबार्ड के जरिए 33 प्रतिशत सब्सिडी दी जा रही है। ऐसे प्लांट की अधिकतम लागत सीमा 63 लाख रुपए निर्धारित है।

नेशनल मिशन फॉर सस्टेनेबल एग्रीकल्चर के तहत लिक्विड जैविक खाद या जैविक कीटनाशक बनाने पर राज्य सरकारों और सरकारी एजेंसियों को एक करोड़ 60 लाख रुपए के प्लांट पर सौ फीसदी अनुदान दिया जा रहा है, जबकि निजी तौर पर अगर कोई प्लांट लगाना चाहे तो उसे 200 टन प्रतिवर्ष क्षमता के

प्लांट की अधिकतम लागत 40 लाख रुपए पर 25 प्रतिशत सब्सिडी दी जा रही है। मिशन फॉर इंटीग्रेटेड डवलपमेंट ऑफ हॉर्टीकल्चर के तहत वर्मी कंपोस्ट यानी केंचुए की खाद बनाने पर 50 प्रतिशत सब्सिडी केंद्र सरकार दे रही है। अब अगर आप इन योजनाओं से बेखबर हों तो भला सरकार क्या कर सकती है? नागरिक के रूप में क्या यह हम सबका कर्तव्य नहीं है कि हम अगर जैविक कचरे की समस्या से परेशान हैं तो यह पता लगाएँ कि इससे निपटने के लिए सरकार किस तरह और किस हद तक मदद कर सकती है?

कोसना छोड़ो, जगाओ अपनी चेतना

गंदगी के लिए अब सरकारों को कोसने से काम नहीं चलनेवाला। कूड़ा-कचरा साफ करने की जिम्मेदारी नगर निगम और नगर पालिकाओं के भरोसे छोड़ना भी ठीक नहीं, क्योंकि इस काम के लिए नगर निगम या सरकार फंड जुटाने के लिए भी आपसे ही टैक्स वसूलेगी। इसलिए बेहतर यही होगा कि जो कचरा हम खुद पैदा करते हैं, उससे निपटने की पहल भी हम खुद ही शुरू करें। सरकारों का काम बुनियादी सहूलियतें और तकनीक मुहैया कराना है, चेतना जगाना है, जिसकी शुरुआत हो चुकी है। कुछ दिन पहले मैंने दिल्ली से सटे यूपी के गाजियाबाद में एक बड़ी होर्डिंग देखी, जिसमें अमिताभ बच्चन अपील करते नजर आए कि मैरिज लॉन

गाजियाबाद में गीले कचरे का महत्त्व समझाने के लिए प्रचार अभियान चलाया जा रहा है

गौर ग्रुप की टाउनशिप में घरेलू गीले कचरे से जैविक खाद बनाने का संयंत्र

या मैरिज हॉल संचालक अपने प्रतिष्ठान में बचे-खुचे भोजन, सब्जियों और फलों के छिलके तथा साज-सज्जा में इस्तेमाल फूल-पत्तियों से जैविक खाद बनानेवाली मशीन जरूर लगाएँ।

मेरा मानना है कि देश के सभी नगर निगमों को चाहिए कि वे मैरिज हॉल को मंजूरी ही तब दें, जब वहाँ जैविक कचरे को निपटाने का इंतजाम हो। जैसे अग्निशमन विभाग से सर्टिफिकेट लेना अनिवार्य होता है, वैसे ही नगर निगम के सफाई विभाग से भी सर्टिफिकेट लेना अनिवार्य कर देना चाहिए। ऐसा ही प्रावधान ग्रुप हाउसिंग सोसायटी के लिए भी किया जाना चाहिए। वैसे बेहतर तो यही होगा कि रेजिडेंट्स वेलफेयर एसोसिएशन खुद अपनी सोसायटी के लिए ऑर्गेनिक वेस्ट कंपोस्टिंग मशीनें लगाएँ। उनके लिए यह काम नगर निगम से ज्यादा आसान होगा; क्योंकि हर ग्रुप हाउसिंग सोसायटी में घरों से कचरा उठाने के लिए कर्मचारी तैनात किए जाते हैं। हर घर को यह बताया जाए कि वे गीला कचरा अलग करें और सूखा कचरा अलग। गीले कचरे को सोसायटी में ही प्रोसेस करके उससे खाद बनाई जाए। उस जैविक खाद का इस्तेमाल सोसायटी को हरा-भरा रखने में किया जा सकता है। लोग अपने घरों के गमलों में उस जैविक खाद का इस्तेमाल कर सकते

हैं और अगर जैविक खाद का उत्पादन ज्यादा होने लगे, तो उसे बेचकर सोसायटी की बेहतरी के लिए धन भी कमा सकते हैं।

जहाँ ग्रुप हाउसिंग सोसायटी नहीं हैं, वहाँ के नागरिकों के साथ नगर निकायों के अधिकारियों और जन-प्रतिनिधियों को बैठक करनी चाहिए। हर मुहल्ले में ऐसी कमेटी बनाई जानी चाहिए, जो लोगों को जागरूक करे कि वे अपने घर का गीला और सूखा कचरा अलग-अलग रखें। हर मुहल्ले के किसी कोने में कचरे से खाद बनानेवाला छोटा सा प्लांट लगाया जाए और मुहल्ले की कमेटी को ही उसके संचालन का जिम्मा सौंप दिया जाए। नगर निगम और नगर पंचायतें अपने वार्ड पार्षदों को भी यह जिम्मेदारी सौंप सकती हैं। कंपोस्ट मशीनों के लिए मुहल्ले से चंदा इकट्ठा किया जा सकता है और नगर निकाय इसमें आर्थिक अनुदान भी दे सकते हैं, क्योंकि आखिरकार कूड़ा निस्तारण का बोझ तो नगर निकायों का ही कम होगा। इस कार्य के बेहतर निष्पादन के लिए वार्डों को दिया जानेवाला विकास अनुदान के साथ यह शर्त भी जोड़ी जा सकती है कि अगर कचरे से खाद बनानेवाली मशीन लगने के बाद भी किसी मुहल्ले में घरेलू कचरा गलियों में बिखरा पाया गया तो उस वार्ड के विकास अनुदान को निलंबित किया जा सकता है या उसमें कटौती की जा सकती है।

थोड़ी जागरूकता अपने लिए

घरेलू कूड़ा इकट्ठा करने में थोड़ी सी जागरूकता अगर हम-आप, हम सब अपने लिए दिखाएँ तो इस समस्या को आसानी से हल किया जा सकता है। आज सरकार और नगर निकायों के सामने सबसे बड़ी दिक्कत यही है कि लोग हर तरह का कूड़ा एक साथ मिला देते हैं। अगर गीला और सूखा कचरा एक साथ कूड़ेदान में फेंका जाए या फिर नगर निगम उसे उठवा भी ले तो उसे छाँटना बहुत जहमत भरा होता है। उसके लिए न तो संसाधन है, न बेहतर तकनीक। अगर हम अपने घरों में एक की बजाय दो कूड़ेदान रख लें, एक गीले कचरे के लिए और एक सूखे कचरे के लिए, तो कूड़े का निस्तारण, उसकी रिसाइकिलिंग बहुत आसान हो जाएगी। स्रोत पर ही छँटाई (सैग्रीगेशन ऐट सोर्स) हुए बिना घरेलू कचरे से निपटना मुश्किल है। गीला और सूखा कचरा मिक्स होता रहेगा तो वही होगा जो पहले से हो रहा है। घरों का कचरा कूड़ेदान में जाएगा, जहाँ आवारा जानवर कूड़े में भोजन की तलाश में मुँह मारेंगे और कूड़ेदान का कचरा सड़क पर बिखेरेंगे। चारों तरफ गंदगी फैलेगी और हम मुँह फिराकर निकलते रहेंगे। मेरी सलाह मानिए। समस्या से मुँह

गौर ग्रुप की टाउनशिप में घरेलू गीले कचरे से जैविक खाद बनाने का संयंत्र

मोड़ना छोड़िए, उसका सामना करिए, उसे संसाधन में बदलिए। हालाँकि मैं जानता हूँ कि कहना जितना आसान है, लोगों को समझाना और उनसे अमल कराना उतना ही मुश्किल। अमेरिका के न्यूयॉर्क शहर का उदाहरण दिया है न मैंने। उसी से समझ में आ जाता है कि घरेलू कचरे को लेकर क्या भारत, क्या अमेरिका, हर शहर के लोगों की मानसिकता एक जैसी ही है। अब न्यूयॉर्क नगर निगम ने तो कूड़ा रखने के लिए अलग-अलग तरह के कूड़ेदान खुद ही खरीदकर लोगों को देना शुरू कर दिया है। भारत में ऐसा कब होगा, इसके लिए दो तरीके हैं—या सरकार की ओर से कूड़ेदान (डस्टबिन) मिलने का इंतजार कीजिए या फिर खुद पहल कीजिए, यह सोचकर कि मुहल्ला, शहर और देश आपका भी तो है। सरकार अगर डस्टबिन देगी भी तो घूम-फिरकर उसकी कीमत आप ही तो चुका रहे होंगे—टैक्स के रूप में।

मैं जो कह रहा हूँ, वह कोई आदर्शवादी भाषण भर नहीं है। ऐसा हो भी रहा है। मेरी अपनी जानकारी में है कि मुंबई, बँगलुरू, दिल्ली, नोएडा, गाजियाबाद और गुरुग्राम में कई ग्रुप हाउसिंग सोसायटी के रेजिडेंट्स वेलफेयर एसोसिएशन की ओर से जैविक खाद बनाने का काम अभियान के रूप में हो रहा है। इसके बेहतरीन परिणाम भी सामने आ रहे हैं। इस अभियान को अब बड़े पैमाने पर आगे बढ़ाने की

जरूरत है। 2011 की जनगणना के हिसाब से देश में 4041 नगर निकाय हैं। अगर उन सभी निकायों में रहनेवाले 50 प्रतिशत लोगों ने भी घरेलू कचरे को उपयोग करना सीख लिया और इस कचरे की अहमियत समझ ली तो न सिर्फ शहर साफ-सुथरे होंगे, अपितु देश में नई कृषि क्रांति का आरंभ भी हो जाएगा। जैविक खाद का उत्पादन बढ़ेगा तो जैविक खेती को बढ़ावा मिलेगा। स्वच्छ भारत और स्वस्थ भारत की कल्पना एक साथ साकार होने का यही तरीका है।

❑

कूड़ा-कबाड़ से हाइवे

सिकंदर महान् के विश्वविजय अभियान का एक बड़ा दिलचस्प किस्सा है। इतिहास की पुस्तकों में है। कोई भी पढ़ सकता है। ईसा पूर्व से भी 332 साल पहले यानी अब से 2349 साल पहले सिकंदर अपने विश्वविजय अभियान को आगे बढ़ाते हुए लेबनान के एक टापू की ओर बढ़ा, जिसका नाम था टायर। चारों तरफ से समुद्र से घिरे टायर पर कब्जा करना आसान नहीं था। पूरा टापू विशालकाय अभेद्य किले की तरह था। सिकंदर की सेना ने टायर को घेर लिया, लेकिन आगे बढ़ने का कोई रास्ता नहीं सूझ रहा था। हैरान-परेशान सिकंदर महान् की सेना अब क्या करे? समुद्र के रास्ते दाखिल होने का सीधा मतलब था कि टायर सूबे की जनता और फौज मिलकर सिकंदर की सेना का बैंड बजा देती।

समस्या सिकंदर को बताई गई तो उसने फौरन आदेश दिया कि टायर तक सड़क बना दी जाए। सिकंदर महान् का आदेश था, सो फौरन पूरी फौज सड़क बनाने में जुट गई। अपनी सेना की एक टुकड़ी को काम पर लगाकर सिकंदर अरब साम्राज्य को फतह करने निकल पड़ा। उधर मिट्टी-पत्थर भर-भरकर फारस की खाड़ी के उस हिस्से में डाले जाने लगे, लेकिन महीनों की मेहनत पर एक दिन पानी फिर गया। समुद्र में तेज लहर आई और सिकंदर की निर्माणाधीन सड़क को बहा ले गई। सिकंदर जब अरब फतह करके लौटा, तब टायर को जोड़ने वाली सड़क का नामोनिशान तक नहीं था।

सिकंदर ने टायर को जोड़ने के लिए बाँधनुमा दूसरी सड़क बनाने का हुक्म दिया। इस बार उसने पहले से भी चौड़ा, करीब 200 फीट चौड़ाई वाला 'कॉजवे' (बाँधनुमा हाइवे) बनवाना शुरू किया। पानी में सड़क बनाने के लिए उसने पेड़ों की शाखाओं से पानी का बहाव रोका और फिर आस-पास की मिट्टी, मलबा,

दिल्ली के गाजीपुर लैंडफिल साइट का कूड़ा राजमार्ग बनाने में प्रयोग होगा

कूड़ा-कचरा डालकर टायर तक सड़क बना दी। करीब 40 हजार आबादी वाला टायर सूबा इसके बाद सिकंदर की सेना का सामना नहीं कर पाया। अजेय समझा जाने वाले टायर की हार की वजह बनी एक सड़क, जिसे बनाने में कूड़े-कबाड़ का इस्तेमाल भी किया गया था।

टायर की बात मुझे इसलिए याद आई, क्योंकि इन दिनों हमारा भारत देश भी अब वैसा ही एक प्रयोग करने जा रहा है। कूड़े का इस्तेमाल सिकंदर महान् ने सिर्फ एक किलोमीटर लंबा 'कॉजवे' बनाने के लिए किया था, लेकिन भारत में पहली बार कूड़े का इस्तेमाल एक्सप्रेस-वे बनाने में किया जा रहा है। भारत के राष्ट्रीय राजमार्ग प्राधिकरण यानी नेशनल हाइवे अथॉरिटी ऑफ इंडिया ने तय किया है कि दिल्ली से लखनऊ को जोड़नेवाले नेशनल हाइवे-24 का जो हिस्सा मेरठ को जोड़ने लिए बनाया जा रहा है, उसमें दिल्ली के गाजीपुर वाले कूड़े के पहाड़ का भी इस्तेमाल किया जाएगा, ताकि गाजीपुर में कूड़े के पहाड़ का बोझ थोड़ा हलका हो। 1984 से दिल्ली के कूड़े का बोझ उठाते-उठाते गाजीपुर की यह लैंडफिल साइट 1 सितंबर, 2017 को बारिश का एक झटका बरदाश्त नहीं कर पाई। 45 मीटर ऊँचा और 1,300 मिलियन मीट्रिक टन

सड़क बनाने में कूड़े को साफ करके इस्तेमाल करने का प्रयोग सफल रहा है

कूड़े से बना यह पहाड़ भरभराकर गिर गया। बगल से गुजरते नाले में मलबा गिरा तो नहर के पानी में मानो सुनामी सी आ गई। दो लोग उसी में बहकर मर गए। पहली बार दिल्ली और देश की जनता को एहसास हुआ कि अब अगर कूड़े को यों ही फेंका जाता रहा तो गाजीपुर की तरह देश के हर शहर में कूड़े के पहाड़ खड़े होंगे, जो खिसकेंगे, धसकेंगे और जाने कितने लोगों की दिल की धड़कनें असमय ही बंद कर देंगे।

दिल्ली में कूड़े के पहाड़ की वजह से हुए हादसे के पहले ही नेशनल हाइवे अथॉरिटी ऑफ इंडिया ने शोध करना शुरू कर दिया था कि क्या हाइवे और एक्सप्रेस-वे बनाने में कूड़े का भी इस्तेमाल हो सकता है? इस हादसे के बाद इस काम में तेजी आई, लेकिन तकनीक पर तीन दशक की लापरवाही थोड़ी भारी और महँगी पड़ी। दिल्ली में कूड़ा ठिकाने लगाने के चक्कर में कूड़े का पहाड़ खड़ा करते समय किसी ने सोचा ही नहीं कि हर तरह के कूड़े को एक साथ फेंकने से भविष्य में कितनी तरह की समस्याएँ आनेवाली हैं। अब कूड़े के ढेर से सड़क बनाने की बारी आई तो संकट यह है कि कूड़े की छँटाई और सफाई कौन करेगा? इसका पैसा कहाँ से आएगा? अब तक कूड़े को निपटाने के लिए तरीका नहीं सूझ रहा था। जब वैज्ञानिकों ने तरीका

बताया तो पता चला कि कूड़े के पहाड़ से सड़क बनाने लायक कचरा छाँटना भी पहाड़ जैसा काम है।

कूड़े से सस्ती, सुंदर, टिकाऊ सड़क

नगरीय ठोस कूड़े (म्यूनिसिपल सॉलिड वेस्ट) से सड़क बनाने का मतलब यह नहीं है कि सड़क में कंक्रीट, मिट्टी और तारकोल की जगह कूड़ा इस्तेमाल होगा। इस कूड़े का इस्तेमाल तो एक्सप्रेस-वे और हाइवे की पटरियाँ बनाने में किया जाएगा, जिन्हें बनाने के लिए अभी ज्यादातर मिट्टी का प्रयोग होता है। कूड़े से सड़क बनाने की योजना भी पूरी तरह ठोक-बजाकर तैयार की गई है। इसके लिए सी.एस.आई.आर. और सेंट्रल रोड रिसर्च इंस्टीट्यूट ने बहुत जाँच-परख करने के बाद पूरी प्रक्रिया और तरकीब तैयार की है। प्रयोगशालाओं में इस बात की भी जाँच की गई है कि कहीं हाइवे और एक्सप्रेस-वे में इस्तेमाल होने वाला कूड़ा लोगों की सेहत के लिए तो खतरनाक नहीं साबित होगा ? कहीं सड़क की पटरी और पुश्ते में इस्तेमाल होनेवाला कूड़ा बारिश में धसक तो नहीं जाएगा ? हर पहलू का परीक्षण करने के बाद सी.एस.आई.आर. और

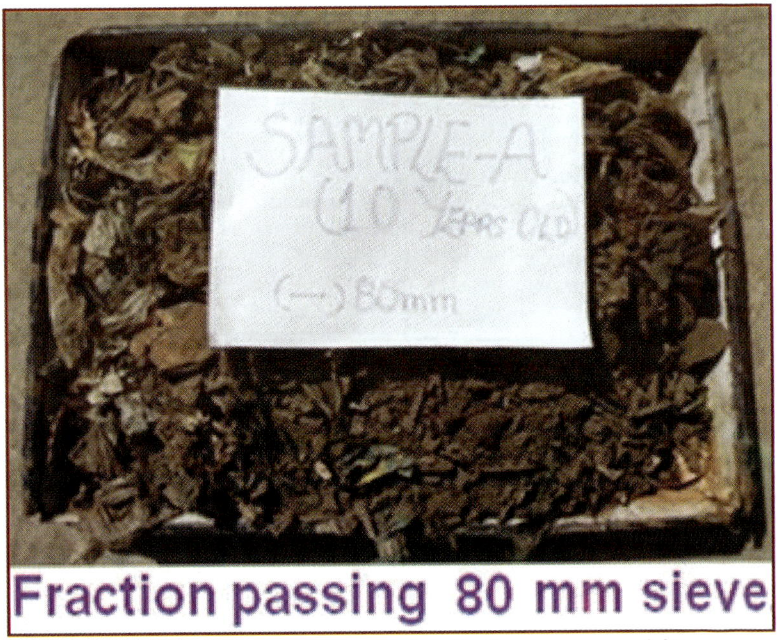

केंद्रीय सड़क अनुसंधान संस्थान ने कूड़े को छानकर राजमार्ग में इस्तेमाल करने का प्रयोग किया है

सी.आर.आर.आई. ने इस बात पर मुहर लगाई है कि गाजीपुर जैसे कूड़े के पहाड़ का 65 से 75 प्रतिशत तक हिस्सा सड़क निर्माण में इस्तेमाल के लिए पूरी तरह सुरक्षित है। मिट्टी और दूसरी निर्माण सामग्री की तुलना में कूड़े का उपयोग करना सस्ता है और इससे हाइवे या एक्सप्रेस-वे के किनारों को हरा-भरा और सुंदर बनाने में भी मदद मिलेगी, क्योंकि कूड़े में जैविक खाद भरपूर मात्रा में होती है।

ऐसा नहीं है कि कूड़े को जस-का-तस हाइवे के किनारे डालकर उस पर रोलर चला दिया जाएगा। इस्तेमाल करने से पहले कूड़े की कई चरणों में छानना पड़ता है। पहले कूड़े को 80 मिलीमीटर छेदवाली छलनी से छाना जाएगा। फिर उसे 35 मिलीमीटर वाली छलनी से गुजारा जाएगा। फिर 16 मिलीमीटर की छलनी से छनाई होगी और सबसे आखिर में 4 मिलीमीटर छलनी से छानकर जो कूड़ा निकलेगा, वह देखने में सामान्य मिट्टी और रेत जैसा ही होगा। उसी कूड़े का प्रयोग हाइवे और एक्सप्रेस-वे की पटरी या पुश्ता बनाने में किया जाएगा। चूँकि अभी तक भारत में ऐसा प्रयोग किसी भी हाइवे या एक्सप्रेस-वे के निर्माण में नहीं हुआ है, इसलिए नेशनल

केंद्रीय सड़क अनुसंधान संस्थान ने कूड़े को छानकर राजमार्ग में इस्तेमाल करने का प्रयोग किया है

केंद्रीय सड़क अनुसंधान संस्थान ने कूड़े को छानकर राजमार्ग में इस्तेमाल करने का प्रयोग किया है

हाइवे अथॉरिटी ऑफ इंडिया ने तय किया है कि पहले नेशनल हाइवे-24 से मेरठ की ओर जाने वाले एक्सप्रेस-वे में दो किलोमीटर का पुश्ता छाने हुए कूड़े से बनाया जाएगा। इस काम के लिए दिल्ली के गाजीपुर लैंडफिल साइट का कूड़ा ही इस्तेमाल किया जा रहा है। अगर यह प्रयोग सफल रहा तो फिर कूड़े की समस्या का अंत निश्चित है। फिर किसी शहर में कूड़े का पहाड़ नजर नहीं आएगा।

हाइवे बनाने में सीमेंट, पत्थर कब तक ?

हम अभी कूड़े-कचरे से हाइवे बनाने में सहम-सहमकर कदम उठा रहे हैं, लेकिन अमेरिका में एक-दो नहीं, बल्कि 27 तरह के कूड़े-कचरे का इस्तेमाल सड़क बनाने में किया जा रहा है और वह भी आज से नहीं, बल्कि 1980 के दशक से। अमेरिका में इंडियाना राज्य के सड़क परिवहन विभाग और फेडरल हाइवे अथॉरिटी ने 1991 में एक साझा प्रोजेक्ट तैयार किया था। अमेरिका के सभी राज्यों से इस बात का लेखा-जोखा मँगाया गया कि सड़क और सड़कों की पटरियाँ बनाने में कूड़े का प्रयोग किस हद तक हो रहा है और वह प्रयोग कितना कारगर है ?

इस प्रोजेक्ट में चौंकानेवाली जानकारियाँ सामने आईं। पता चला कि अमेरिका के थर्मल प्लांट से निकलनेवाली राख हो या फिर मोटरगाड़ियों के पुराने टायर, जले हुए इंजन ऑयल, सबका इस्तेमाल सड़क बनाने में हो रहा है। रद्दी कागज और सीवेज स्लज तक से अमेरिका में सड़क और सड़क की पटरियाँ बनाई जा रही हैं। चूँकि कूड़ा चाहे अमेरिका में हो या भारत में, वह एक जैसा ही होता है, इसलिए मुझे लगा कि सड़क निर्माण में औद्योगिक और घरेलू कचरे की तीन प्रमुख किस्मों का जो प्रयोग अमेरिका में हो रहा है, उसे साझा किया जाए।

पुरानी सड़कों का मलबा

अमेरिका में सड़कें बनाने में सबसे ज्यादा इस्तेमाल पुरानी सड़कों के मलबे का हो रहा है। अमेरिका के 98 प्रतिशत राज्यों के परिवहन विभाग ने बताया कि नई सड़क बनाने के लिए पुरानी सड़कों को जब उखाड़ा जाता है, तो उनकी कंक्रीट और असफाल्ट का पूरा इस्तेमाल नई सड़क की भराई में कर लिया जाता है।

फ्लाई एश

अमेरिका में सड़कें बनाने में दूसरी तरह का जो कचरा सबसे ज्यादा उपयोगी है, वह है फ्लाई एश का। फ्लाई एश उस राख को कहते हैं, जो थर्मल पावर प्लांट और दूसरे औद्योगिक संयंत्रों में कोयला, लड़की, बायो पेलेट या पेट कोक जलाने से निकलती है। सड़कों की पटरी या पुश्ते बनाने की भराई करने में यह राख बहुत काम आती है। अमेरिका की 75 प्रतिशत राज्य सरकारें फ्लाई एश का इस्तेमाल कर रही हैं।

कूड़े की राख से सड़क

अमेरिका और यूरोप के देशों में सौ साल से भी ज्यादा समय से भट्ठियों में कूड़ा जलाकर उसकी राख का इस्तेमाल सड़कों की भराई में किया जा रहा है। ब्रिटेन की पहली कूड़ा भट्ठी (वेस्ट डिस्पोजल इंसिनिरेटर) 1874 में नॉटिंघम में बनी थी, जबकि अमेरिका में न्यूयॉर्क के गवर्नर्स आइलैंड में 1885 में पहला वेस्ट डिस्पोजल इंसिनिरेटर बनाया गया। भट्ठियों में कूड़ा जलाने का काम अब भी हो रहा है, लेकिन यह तरीका उचित नहीं है। लाख कोशिशों और तकनीकी कुशलता के बावजूद ऐसा इंसिनिरेटर प्लांट नहीं बनाया जा सका है, जिसमें कूड़ा जलाने पर खतरनाक गैसें न निकलती हों। यह तरीका विवादित है, लिहाजा भारत में इसे आजमाने के लिए कोई भी तैयार नहीं। सही भी है, क्योंकि पहले से प्रदूषण से जूझ रहे देश के शहरों में अगर कूड़ा जलाया गया तो हालात भयावह हो सकते हैं।

पुराने टायर से भी सड़क निर्माण

अमेरिका में 68 फीसदी राज्यों में सड़क बनाने के लिए पुराने टायरों का इस्तेमाल किया जा रहा है। पुराने टायरों को तारकोल या असफाल्ट के साथ मिलाकर सड़कों की ऊपरी सतह पर कोटिंग करने से सड़क जल्दी खराब नहीं होती। इसके अलावा पुराने टायरों की मशीन से कतरन बनाकर उसे सड़क की पटरियों की भराई में भी इस्तेमाल किया जा रहा है।

भारत में आज भी बहुत से लोग हैं, जिन्हें पता ही नहीं कि पुराना टायर चाहे साइकिल का हो, बैलगाड़ी का हो या फिर मोटरगाड़ियों का, सबका इस्तेमाल हो सकता है। पूरी दुनिया में रद्दी टायर (टायर स्क्रैप) बहुत बड़े उद्योग के रूप में विकसित हो चुका है, जिसे भारत में लोग यही समझते हैं कि टायर खराब हो गया तो उससे बस एक ही काम हो सकता है—आंदोलन करते समय आग लगाने का काम। कुछ लोग सर्दियों में हाथ सेंकने के लिए भी टायर जला देते हैं। बिना यह सोचे कि टायर जलाने से जो प्रदूषण फैलता है, वह कितना जानलेवा हो सकता है।

ऐसी मानसिकता वाले लोगों के लिए बता दूँ कि पूरी दुनिया में औसतन हर साल एक अरब से ज्यादा टायर का उत्पादन होता है। अब टायर का उत्पादन गोदाम में रखने के लिए तो होता नहीं है, इस्तेमाल करने के लिए होता है। तो इस हिसाब से माना जाता है कि हर साल एक अरब से ज्यादा टायर खराब भी होते हैं। टायर का कबाड़ पैदा करने के मामले में अमेरिका अव्वल है, जहाँ हर साल 29 करोड़ टायर कबाड़ी बाजार में पहुँचता है। कबाड़ टायर के मामले में दुनिया में भारत की हिस्सेदारी करीब 6–7 प्रतिशत है। भारत में टायर उद्योग औसतन 12 प्रतिशत की दर से बढ़ रहा है और इसी रफ्तार से खराब टायर भी बढ़ रहा है।

भारत में टायर को रिसाइकिल करने का काम पिछले 4 दशक से हो रहा है फिर भी 60 प्रतिशत पुराने और बेकार टायरों को यहाँ अवैध तरीके से डंप कर दिया जाता है। जो टायर रिसाइकिल होता है, उसमें छोटा हिस्सा पुराने टायर की रबरिंग करके इस्तेमाल लायक बनाने में जाता है, बाकी का हिस्सा टायर से रबर निकालकर उससे चप्पल या दूसरे उत्पाद बनाने में उपयोग होता है।

पुराने टायर का इस्तेमाल

पूरी दुनिया में आज पुराने टायरों का इस्तेमाल सड़क बनाने में किया जाता है। भारत में ही साल 2016 तक एक लाख किलोमीटर सड़कों के निर्माण में बिटुमिन के साथ टायर का रबर मिलाकर हो चुका है। सड़क बनाने में 5 लाख टन टायर का रबर

इस्तेमाल किया जा चुका है। चूँकि भारत में सड़कों के निर्माण की रफ्तार अब तेज हो चुकी है, इसलिए पुराने टायरों की उपयोगिता लगातार बढ़ रही है। टायर बनाने में जिस रबर का इस्तेमाल किया जाता है, उसमें हाइड्रो कार्बन होता है। हाइड्रो कार्बन पेट्रोलियम उत्पादों का अनिवार्य अवयव (एलिमेंट) होता है। इसलिए दुनिया के कई देशों में अब पुराने टायरों से ईंधन भी बनाया जा रहा है।

पुराने टायरों के इस्तेमाल की सबसे नई और क्रांतिकारी तकनीक 2015 में सामने आई। भारतीय मूल की वैज्ञानिक वीना सहजवाला ऑस्ट्रेलिया की न्यू साउथ वेल्स यूनिवर्सिटी में प्रोफेसर और सेंटर फॉर सस्टेनेबल मैटीरियल्स रिसर्च ऐंड टेक्नोलॉजी की डायरेक्टर हैं। मुंबई में पैदा हुईं वीना सहजवाला ने एक तकनीक ईजाद की है, जिससे पुराने टायरों का उपयोग धातु स्टील (अलॉय स्टील) बनाने में किया जा सकता है। पुराने टायरों को स्टील बनानेवाली फैक्ट्रियों की परंपरागत इलेक्ट्रिक आर्क फर्नेस में कोयले की जगह जलाया जा सकता है। अंग्रेजी अखबार 'द हिंदू' को दिए इंटरव्यू में वीना सहजवाला ने बताया था कि भारत के लिए भी यह तकनीक बेहद कारगर साबित हो सकती है, क्योंकि भारत में स्टील का उत्पादन और माँग बहुत ज्यादा है। अगर स्टील बनाने में पुराने टायरों को कोयले (कोक) की जगह इस्तेमाल किया जाए तो इससे पर्यावरण संरक्षण में भी मदद मिलेगी, क्योंकि तब पुराने टायरों को लैंड फिल साइट्स में फेंकने की समस्या खत्म हो जाएगी। पुराने टायरों से 'ग्रीन स्टील' उत्पादन करने की तकनीक का प्रयोग आज ऑस्ट्रेलिया के अलावा थाईलैंड, साउथ कोरिया, नॉर्वे और ब्रिटेन में हो रहा है।

❑

ई-कचरा

कुछ दिन पहले मेरा मोबाइल फोन खराब हो गया। नया फोन लेना आसान था। बाजार में दर्जनों ब्रांड और सैकड़ों मॉडल मौजूद हैं। मैं उसमें से कोई भी मॉडल खरीद सकता था, लेकिन नया फोन खरीदने के साथ ही एक सवाल जेहन में कौंधा कि जो फोन खराब हुआ है, उसका क्या करूँ? एक सहयोगी ने सलाह दी कि इंटरनेट पर ढूँढ़ते हैं कि क्या कोई

ई-वेस्ट यानी इलेक्ट्रॉनिक कबाड़ पूरी दुनिया के लिए सबसे बड़ी चुनौती है

कंपनी एक्सचेंज ऑफर में पुराने फोन के बदले नया फोन देने में छूट दे रही है? ऐसे कई ऑफर नजर भी आए, लेकिन मेरे पुराने फोन का मॉडल कोई एक्सचेंज ऑफर में भी नहीं पूछ रहा था। मोबाइल हैंडसेट रिपेयर कराने का सुझाव भी मिला लेकिन रिपेयरिंग सेंटर से जवाब मिला कि अब इस मॉडल की रिपेयरिंग भी नहीं हो सकती। इसके पुर्जे उपलब्ध नहीं हैं। किसी ने सुझाव दिया कि फेंक दीजिए, सर! लेकिन मोबाइल फोन को फेंकूँ भी तो कहाँ? इसका कोई जवाब नहीं मिला। घरेलू कबाड़ खरीदने वाले कबाड़ियों से बात की तो वे भी पुराने मोबाइल फोन को कबाड़ के रूप में खरीदने को तैयार नहीं थे।

खराब हो चुके पुराने मोबाइल फोन हैंडसेट का क्या करूँ? यह छोटा सा सवाल मुझे परेशान करने लगा। एक खराब मोबाइल फोन... । अचानक याद आया कि भारत में मोबाइल फोन की बिक्री 100 करोड़ का आँकड़ा पार कर रही है। आमतौर पर कोई भी मोबाइल फोन कंपनी हैंडसेट पर एक साल से ज्यादा की वारंटी नहीं देती। मतलब मोबाइल कंपनियाँ भी मानती हैं कि हैंडसेट की लाइफ एक साल ही होगी। इस हिसाब से अगर देश में साल में 30 फीसदी हैंडसेट भी खराब हो रह होंगे तो सालाना 30 करोड़ मोबाइल फोन कबाड़ में बदल रहे हैं। उनका होता क्या है? इस सवाल का जवाब मैंने इंटरनेट पर सर्च करने का फैसला किया

ई-वेस्ट यानी इलेक्ट्रॉनिक कबाड़ का प्रबंधन सिर्फ प्रशिक्षित श्रमिकों के द्वारा ही किया जाना चाहिए

तो अंदाजा लगा कि यह सवाल छोटा नहीं, बल्कि आधुनिक भारत और पूरे विश्व की सबसे बड़ी चुनौती है। इस चुनौती को नाम दिया गया है इलेक्ट्रॉनिक वेस्ट या ई-वेस्ट; आसान भाषा में कहें तो इलेक्ट्रॉनिक कचरा, जिसके पैदा होने की रफ्तार बेहद तेज है। सामान्य कूड़ा-कबाड़ की तुलना में कहीं ज्यादा रफ्तार से ई-वेस्ट पैदा हो रहा है। इस नए किस्म के कचरे से निपटना मुश्किल है, क्योंकि तकनीक के विस्फोट से लगातार पैदा हो रहे ई-वेस्ट को रिसाइकिल करना या नष्ट करना सामान्य कबाड़ी के बस की बात नहीं है। इलेक्ट्रॉनिक सामान बनाने के लिए जितनी तकनीकी दक्षता की जरूरत पड़ती है, उतनी ही तकनीकी काबिलीयत इलेक्ट्रॉनिक कचरे या ई-वेस्ट को ठिकाने लगाने के लिए भी जरूरी है।

ई-कचरे का विशाल दायरा

इलेक्ट्रॉनिक कचरे का दायरा आज बहुत व्यापक हो गया है। मोबाइल फोन, टेलीविजन सेट, कंप्यूटर, लैपटॉप, टैबलेट, रेफ्रिजरेटर, एयर कंडीशनर, वॉशिंग मशीन, रेडियो-ट्रांजिस्टर, स्मोक सेंसर अलॉर्म (आग लगने पर आगाह करनेवाला सिस्टम), वीडियो कैमरे, डिजिटल कैमरे, एटीएम यूनिट, रिमोट और बैटरी से चलनेवाले खिलौने...इलेक्ट्रॉनिक सर्किट और कंप्यूटर तकनीक से चलने वाले सभी उपकरण जब खराब हो जाते हैं, तो ई-कचरे में बदल जाते हैं। आज कोई घर ऐसा नहीं मिलेगा, जहाँ इनमें से कोई-न-कोई उपकरण मौजूद न हो। इनमें से ज्यादातर इलेक्ट्रॉनिक उपकरणों की उम्र (लाइफ) एक-दो साल ही होती है। कोई किफायत और सावधानी से इस्तेमाल करे तो इलेक्ट्रॉनिक उपकरण दो की बजाय चार-पाँच साल चल सकते हैं। खराब होने पर रिपेयरिंग कराते रहें तो दो साल और चल जाएँगे। उसके बाद? एक-न-एक दिन तो हर इलेक्ट्रॉनिक सामान को ई-वेस्ट या ई-कचरे में बदलना ही है।

ई-कचरा कितनी रफ्तार से बढ़ रहा है, इसका ब्योरा एसोसिएटेड चैंबर ऑफ कॉमर्स ऐंड इंडस्ट्रीज (एसोचैम) की 2016 की रिपोर्ट में दिया गया है। केपीएमजी के साथ साझा अध्ययन के बाद एसोचैम ने बताया कि ई-कचरा पैदा करने के मामले में भारत अब दुनिया में पाँचवें नंबर पर पहुँच गया है। भारत में 2016 तक सालाना 18 लाख मीट्रिक टन ई-कचरा पैदा हो रहा था और इसके बढ़ने की रफ्तार थी 30 प्रतिशत प्रतिवर्ष। एसोचैम का अंदाजा है कि जिस रफ्तार से देश में डिजिटल क्रांति चल रही है, मोबाइल फोन बाजार में बूम आया हुआ है, उस रफ्तार से 2020 तक भारत में हर साल 52 लाख मीट्रिक टन ई-कचरा पैदा होने लगेगा। भारत में जो ई-कचरा पैदा हो रहा है, उसमें 70 प्रतिशत योगदान घरेलू इलेक्ट्रॉनिक उपकरणों

ई-वेस्ट की रिसाइकिलिंग में रोजगार की असीम संभावनाएँ हैं

और कंप्यूटर का है। कुल ई-कचरे में 12 प्रतिशत हिस्सा मोबाइल हैंडसेट और संचार उपकरणों का है, 8 प्रतिशत इलेक्ट्रिक उपकरणों का, 7 प्रतिशत मेडिकल उपकरणों का और बाकी का 4 फीसदी घरेलू ई-क्रैप यानी इलेक्ट्रॉनिक कबाड़ है।

कितना खतरनाक है ई-कचरा? ई-कचरे का वजन जितना भारी है, उससे कहीं ज्यादा भयानक हैं ई-कचरे में मौजूद तत्त्व! ई-कचरे के अंदर क्या-क्या होता है और स्वास्थ्य एवं पर्यावरण पर उसका क्या असर पड़ता है, यह जान लेंगे तो इस खतरे को समझना थोड़ा आसान हो जाएगा। स्मोक अलॉर्म में अमेरिसियम का इस्तेमाल किया जाता है, जिससे कैंसर होने का खतरा रहता है। टीवी, कंप्यूटर, वीडियो कैमरे इत्यादि में कैथोड रे ट्यूब होती है, जिसे बनाने में लेड यानी शीशा इस्तेमाल किया जाता है। लेड के सीधे चपेट में आने पर नर्वस सिस्टम को बहुत नुकसान पहुँचता है। छोटे बच्चों का दिमागी विकास भी अवरुद्ध हो सकता है। ट्यूबलाइट, मेकैनिकल डोरबेल, फ्लैट स्क्रीन मॉनीटर में मर्करी यानी पारे का इस्तेमाल होता है, जो इंसान और जानवरों के लिए घातक है। इससे नर्वस सिस्टम पर बुरा असर होता है और पशुओं की प्रजनन क्षमता भी बुरी तरह प्रभावित होती है। मोबाइल फोन, लैपटॉप और कई उपकरणों में निकेल-कैडमियम वाली बैटरी इस्तेमाल होती है, जिसे आराम से चार्ज किया जा सकता है। इन बैटरियों में 6 से 8 प्रतिशत तक कैडमियम होता है, जो नर्वस सिस्टम, किडनी और फेफड़ों को नुकसान पहुँचाता है। इलेक्ट्रॉनिक उपकरणों में इस्तेमाल होनेवाले धातुओं (मेटल्स) पर हेक्सावैलेंट क्रोमियम नाम के रसायन की परत चढ़ाई जाती है, ताकि उपकरणों में जंग न लगे। हेक्सावैलेंट क्रोमियम से कैंसर होने का खतरा रहता है, साथ ही

ई-वेस्ट रिसाइकिलिंग प्लांट में बेकार टीवी, कंप्यूटर, मोबाइल फोन और इलेक्ट्रॉनिक उपकरण

इससे आनुवंशिक बीमारियाँ भी हो सकती हैं। लेड-एसिड वाली बैटरियों में सल्फर होता है, जिससे लिवर, किडनी, हृदय, आँख और गले की बीमारियाँ हो सकती हैं।

खजाना भी छिपा है ई-कचरे में

ई-कचरे में अगर खतरनाक रसायन और धातुओं की भरमार है तो इसमें कीमती खजाना भी है, जिन्हें आसानी से रिसाइकिल किया जा सकता है। आज ज्यादातर इलेक्ट्रॉनिक सामान का बाहरी ढाँचा यानी बॉडी बनाने में प्लास्टिक या पीवीसी का इस्तेमाल किया जाता है, जिसे रिसाइकिल करना आसान है। इसके अलावा ताँबा, एल्युमिनियम और टिन का इस्तेमाल होता है। जस्ता यानी जिंक का इस्तेमाल होता है। सिलिकॉन का इस्तेमाल होता है। निकेल का इस्तेमाल होता है और हाँ, सोना भी होता है। जी वही, गहने बनाने वाला सोना, जिसे स्मार्ट फोन और कंप्यूटर में कनेक्टर प्लेटिंग के रूप में इस्तेमाल किया जाता है। ई-वेस्ट में छिपी इन्हीं कीमती धातुओं ने इस नए किस्म के कचरे को और ज्यादा खतरनाक बना दिया है, क्योंकि थोड़ी सी कमाई के लालच में ढेर सारे कबाड़ी अब कंप्यूटर-टीवी, मोबाइल फोन और दूसरे इलेक्ट्रॉनिक उपकरणों पर हथौड़ा चला रहे हैं। उन्हें न तो समझ है और न ही कोई बताने वाला कि ई-वेस्ट को दूसरे कबाड़, लोहा-लक्कड़ की तरह नहीं तोड़ा जाता। ऐसा करना खतरनाक है।

आपको शायद अंदाजा नहीं होगा कि ई-वेस्ट में छिपे रसायन इतने खतरनाक हैं कि एडवांस तकनीक से भी रिसाइकिल करने पर लोगों की सेहत का सत्यानाश कर देते हैं। चीन के ग्वांगडॉन्ग सूबे में गुइयू नाम का एक कस्बा है। चार गाँवों की

एक करीब डेढ़ लाख की जनसंख्या को जोड़कर यह कस्बा आबाद हुआ है। गुइयू को दुनिया भर में ई-वेस्ट रिसाइकिलिंग की राजधानी के तौर पर जाना जाता है। इस कस्बे के लगभग 75 प्रतिशत लोग ई-कचरे की रिसाइकिलिंग में जुटे हैं। फिर भी काम इतना ज्यादा है कि एक लाख मजदूर बाहर से आकर यहाँ ई-वेस्ट को ठिकाने लगाते हैं। पूरे कस्बे में जहाँ-तहाँ ई-वेस्ट रिसाइकिलिंग करनेवाले वर्कशॉप खुल गए हैं। गुइयू कस्बे के लोगों को यह धंधा 1990 के दशक के अंत में समझ में आया। जब चीन इलेक्ट्रॉनिक उपकरणों के निर्माण में जुटा था, तब गुइयू कस्बे के लोगों ने ई-कचरे की रिसाइकिलिंग पर नजर गड़ाई। करीब 10 साल तक तो पैसे कमाकर लोग खुश होते रहे, लेकिन जब अचानक गुइयू कस्बे के लोगों को बीमारियों ने जकड़ना शुरू किया, तब एहसास हुआ कि ई-कचरा से कमाई तो हो रही है, लेकिन सेहत का कबाड़ा करने की कीमत भी चुकानी पड़ रही है। 2008 में चीन की सरकार ने अध्ययन कराया तो मालूम हुआ कि ई-कचरे से गुइयू की आबोहवा दूषित हो गई है। ई-वेस्ट रिसाइकिलिंग वर्कशॉप के आस-पास हवा में ताँबे के कण सामान्य से 115 गुना और शीशे के कण सामान्य से 371 गुना ज्यादा पाए गए। इस खतरे के बाद चीन की सरकार ने गुइयू में बेतरतीब ढंग से चल रहे ई-वेस्ट रिसाइकिलिंग वर्कशॉप को नियंत्रित करना शुरू किया। 2013 में गुइयू के स्थानीय प्रशासन ने ई-वेस्ट रिसाइकिलिंग वर्कशॉप खोलने के लिए नेशनल सर्कुलर इकोनॉमी इंडस्ट्रियल पार्क बनाया, ताकि ई-कबाड़ का धंधा भी चलता रहे और पर्यावरण तथा लोगों का स्वास्थ्य भी सुरक्षित रहे।

ई-वेस्ट से निपटने का हाल

ई-वेस्ट को सिर्फ और सिर्फ तकनीक का इस्तेमाल करके ही रिसाइकिल या नष्ट (डिस्मैंटल) किया जा सकता है। पूरी दुनिया में इस तरह की व्यवस्था हो रही है। ई-वेस्ट रिसाइकिलिंग सेंटर खुल रहे हैं। फिर भी ई-कचरा पैदा होने की रफ्तार ज्यादा है, उसे रिसाइकिल करने के संसाधन कम। इसलिए ई-कचरे की चिंता बढ़ती जा रही है। एसोचैम-केपीएमजी की 2016 वाली रिपोर्ट में लिखा है कि भारत में आज भी 95 फीसदी ई-कचरा असंगठित क्षेत्र के कबाड़ियों द्वारा ठिकाने लगाया जा रहा है। कबाड़ियों के गोदाम में 10-15 साल के बाल मजदूरों को इस काम में लगा दिया गया है, जिन्हें एक ही हिदायत दी जाती है कि चाहे जैसे भी हो, इलेक्ट्रॉनिक पुर्जों से ताँबा, एल्युमिनियम और सोना निकालना है। एसोचैम के मुताबिक, देश भर में बेतरतीब चल रहे कबाड़खानों में करीब 4-5 लाख बच्चे ई-वेस्ट से दिहाड़ी कमाने में जुटे हैं। उनके लिए न तो कोई सुरक्षा इंतजाम हैं और

न ही ई-कबाड़ को हैंडल करने की कोई ट्रेनिंग की सुविधा।

ऐसा नहीं है कि सरकार कुछ नहीं कर रही। भारत में 2011 से ही ई-कचरा से निपटने के लिए दिशा-निर्देश लागू है, जिसे 2016 में देश, काल, परिस्थितियों के मुताबिक बदलकर नोटिफाई किया गया। ई-वेस्ट मैनेजमेंट के लिए सरकार के मानकों के हिसाब से भारत के अलग-अलग राज्यों में 178 'ई-वेस्ट रिसाइकिलिंग/डिस्मैंटलिंग' इकाइयाँ स्थापित भी हुई हैं, जिनकी कुल क्षमता 4 लाख 41 हजार 85 टन और 6 क्विंटल प्रति वर्ष है। 27 मार्च, 2017 को राज्यसभा में सरकार ने पूरा ब्योरा दिया था कि किस राज्य में ई-वेस्ट से निपटने के लिए कितनी इकाइयाँ हैं। समस्या की तुलना में समाधान की स्थिति क्या है, इसे समझने के लिए आपको भी सरकार की उस सूची से रू-ब-रू कराता हूँ।

राज्य	ई-वेस्ट रिसाइकिलिंग यूनिट्स की संख्या	कुल क्षमता (मीट्रिक टन सालाना)
छत्तीसगढ़	2	1650.00
गुजरात	12	37,262.12
हरियाणा	16	49,981.00
कर्नाटक	57	44,620.50
मध्य प्रदेश	3	8985.00
महाराष्ट्र	32	47,810.00
ओड़िशा	1	3000.00
पंजाब	1	150.00
राजस्थान	10	68,670.00
तमिलनाडु	14	52,427.00
तेलंगाना	4	11,800.00
उत्तर प्रदेश	32	86,130.00
उत्तराखंड	3	28,000.00
पश्चिम बंगाल	1	600.00

(स्रोत : प्रेस सूचना ब्यूरो)

ई-वेस्ट से पर्यावरण और मानव स्वास्थ्य को गंभीर खतरा है

राज्यसभा में उपरोक्त ब्योरा देते समय सरकार ने माना था कि आज तक सरकारी तौर पर ई-वेस्ट के बारे में देश में कोई सर्वे ही नहीं हुआ। कभी नाप-जोख ही नहीं हुई कि कितना ई-कचरा देश में पैदा हो रहा है। केंद्रीय प्रदूषण नियंत्रण बोर्ड ने 2010 में अंदाजा लगाकर जरूर बताया था कि देश में 2010 में 8 लाख टन ई-वेस्ट पैदा हुआ। अब एसोचैम-केपीएमजी की रिपोर्ट बता रही है कि देश में 18 लाख टन ई-कचरा पैदा हो रहा है, जो 2020 तक 52 लाख टन तक हो सकता है। इस हिसाब से देखें तो ई-वेस्ट से निपटनेवाली 178 इकाइयाँ अगर पूरी क्षमता से काम करें तो भी मौजूदा ई-कचरा यानी 18 लाख टन में से सिर्फ 24.5 प्रतिशत ई-कचरा ही रिसाइकिल या नष्ट कर पाएँगी। बाकी का क्या होगा? ई-कचरा तो हर दिन बढ़ रहा है, क्योंकि मोबाइल फोन, कंप्यूटर, टेलीविजन, फ्रिज और एयर कंडीशनर की टेक्नोलॉजी रोज बदल रही है। भारत में संपन्नता बढ़ रही है, इसलिए हर कोई नई टेक्नोलॉजी वाले सामान खरीद रहा है। नई टेक्नोलॉजी उद्योग जगत् के लिए तो अनिवार्य ही है, क्योंकि पुरानी टेक्नोलॉजी पर चलनेवाले कंप्यूटर या दूसरे उपकरणों से चिपके रहे तो धंधा बंद हो जाएगा।

ई-वेस्ट से निपटने का तरीका

इलेक्ट्रॉनिक कचरे के साथ भी भारत में वही हो रहा है, जो दूसरे कचरों के साथ हुआ। समय रहते किसी ने सोचा ही नहीं कि देर-सवेर पुराने उपकरणों

ई-कबाड़ में कैंसर और अन्य घातक बीमारियाँ पैदा करने वाली धातुएँ होती हैं

को नष्ट करना होगा। जिन देशों ने समझा, उन्होंने ई-कचरे को भी सुरक्षित ढंग से रिसाइकिल करने या नष्ट करने के लिए बेहतर तकनीकी सुविधाओं वाले वर्कशॉप बनाए। ई-वेस्ट मैनेजमेंट के नियमों को सख्ती से लागू किया। यूरोप के स्विट्ज़रलैंड ने 1991 में पुराने, कबाड़ हो चुके रेफ्रिजरेटरों को ठिकाने लगाने के लिए पहली बार ई-वेस्ट रिसाइकिलिंग सिस्टम लागू किया। बाद में इसमें फ्रिज के अलावा दूसरे इलेक्ट्रॉनिक उपकरणों को भी शामिल किया गया। वर्कशॉप बनाकर इलेक्ट्रॉनिक कबाड़ को रिसाइकिल करना या नष्ट करने में दिक्कत आई तो जनवरी 2005 में स्विट्ज़रलैंड की सरकार ने कानून बना दिया कि इलेक्ट्रॉनिक सामान बनाने और बेचने वाले ही ई-कबाड़ को इकट्ठा करेंगे। यह काम उन्हें मुफ्त में करना होगा।

स्विट्ज़रलैंड का फॉर्मूला इतना कारगर रहा कि यूरोपियन यूनियन ने अपने

ई-कबाड़ में कैंसर और अन्य घातक बीमारियाँ पैदा करने वाली धातुएँ होती हैं

चीन का गुइयू कस्बा ई-वेस्ट रिसाइकिलिंग का विश्व का सबसे बड़ा केंद्र है

सभी सदस्य देशों में भी इसे लागू करने को कह दिया। आज यूरोप के सभी देशों में यह कानून बन गया है कि इलेक्ट्रॉनिक सामान बनानेवाली कंपनियों को ही ई-वेस्ट की रिसाइकिलिंग करनी पड़ती है। अगर रिसाइकिलिंग संभव नहीं है तो ई-वेस्ट को वैज्ञानिक तरीके से नष्ट करने की जिम्मेदारी इलेक्ट्रॉनिक सामान बनाने वाली कंपनियों को ही उठाना पड़ता है। इस नीति को नाम दिया गया है—उत्पादकों की विस्तारित जिम्मेदारी (एक्सटेंडेंड प्रोड्यूसर रिस्पॉन्सिबिलिटी)। स्विट्जरलैंड में 2006 में इलेक्ट्रॉनिक सामान निर्माताओं की जिम्मेदारी 10 किलो प्रतिव्यक्ति की दर से ई-वेस्ट रिसाइकिल करने की थी, जबकि 2008 में ब्रिटेन ने तय किया कि इलेक्ट्रॉनिक्स सामान बनाने की कंपनियाँ 22 किलो प्रति व्यक्ति की दर से ई-वेस्ट का निपटारा करेंगी।

एशियाई देशों में जापान, दक्षिण कोरिया और ताइवान को इलेक्ट्रॉनिक उत्पाद बनाने में अग्रणी माना जाता है। इन तीनों देशों में भी इलेक्ट्रॉनिक्स सामान बनानेवाली कंपनियों के लिए नियम बना दिया गया है कि वे सालाना जितने उपकरण बनाती हैं, उसका 75 प्रतिशत रिसाइकिल करने का इंतजाम भी करें। ऑस्ट्रेलिया और न्यूजीलैंड में भी 1990 के दशक से ही इस बात पर चिंतन-मंथन शुरू हो गया था कि कंप्यूटर और टेलीविजन के कबाड़ होने के बाद उसे कहाँ और कैसे ठिकाने लगाया जाए? काफी सोच-विचार और बहस के बाद नवंबर 2009 में

ऑस्ट्रेलिया में नेशनल वेस्ट पॉलिसी बनाई गई, जिसे अगस्त 2010 में सरकार ने हरी झंडी दे दी। ऑस्ट्रेलिया की सरकार ने 2011 में उत्पाद प्रबंधन अधिनियम भी लागू किया, जिसके तहत नेशनल टेलीविजन ऐंड कंप्यूटर रिसाइकिलिंग स्कीम शुरू हुई। ऑस्ट्रेलिया को उम्मीद है कि इस स्कीम के तहत 2021-22 तक 80 प्रतिशत ई-वेस्ट की रिसाइकिलिंग संभव हो जाएगी। 2012-13 में ऑस्ट्रेलिया में 30 प्रतिशत ई-कचरे की रिसाइकिलिंग होने लगी थी। ऑस्ट्रेलिया में भी ई-वेस्ट की रिसाइकिलिंग की जिम्मेदारी इलेक्ट्रॉनिक्स सामान बनानेवाले उद्योग को ही उठानी पड़ रही है। वहाँ टेलीविजन बनानेवाली कंपनियों ने 'प्रोडक्ट स्टुअर्डशिप ऑस्ट्रेलिया' नाम से एक गैर-सरकारी समूह बनाया है, जो ई-वेस्ट रिसाइकिलिंग का कार्यक्रम चलाता है।

दक्षिण अफ्रीका में ई-कबाड़ से निपटने के लिए 2008 में 'द ई-वेस्ट एसोसिएशन ऑफ साउथ अफ्रीका' का गठन किया गया। यह एक गैर-सरकारी संगठन है, जो इलेक्ट्रॉनिक सामान निर्माताओं और विक्रेताओं की मदद से ई-वेस्ट के प्रबंधन में जुटा है।

अमेरिका का उदाहरण बड़ा दिलचस्प है, क्योंकि अमेरिका की वजह से ही यूनाइटेड नेशंस को ई-वेस्ट और दूसरे खतरनाक कचरों के बारे में 5 मई, 1992 से सख्त नियम बनाने पड़े। यूनाइटेड नेशंस के इस नियम को 'बेसल कन्वेंशन' कहा जाता है। अमेरिका में खतरनाक और ठोस कबाड़ के बारे में 1965 तक कोई कानून नहीं था। पहली बार अमेरिकी संसद् ने 1965 में सॉलिड वेस्ट डिस्पोजल ऐक्ट पारित किया। उसके बाद भी अमेरिका में ठोस और खतरनाक कबाड़ को जलाने और लैंड फिल साइट्स पर डंप करने का दौर चलता रहा। अमेरिका में ऐसे ढेर सारे कबाड़ कारोबारी थे, जो खतरनाक किस्म के कबाड़ जस-का-तस या जला-गलाकर दूसरे देशों को बेच देते थे। 1976 में अमेरिकी कांग्रेस ने सॉलिड वेस्ट

चीन के गुइयू में ई-कबाड़ से करीब 2 लाख लोगों को रोजगार मिला है

ई-कबाड़ का अवैध आयात रोकने के लिए चीन को 2008 में आदेश जारी करना पड़ा

डिस्पोजल ऐक्ट को बदलकर नया कानून बनाया, जिसका नाम था रिसोर्स कंजर्वेशन एंड रिकवरी ऐक्ट। इस ऐक्ट के तहत अमेरिका की एन्वायरमेंट प्रोटेक्शन एजेंसी (ईपीए) को अधिकार दे दिया गया कि वह खतरनाक कबाड़ को ढोने, रिसाइकिल करने और नष्ट करने के नियम बनाए और उन्हें सख्ती से लागू करे।

ईपीए ने अमेरिका में सख्ती बरतनी शुरू की, तो जिन लोगों ने कबाड़ इकट्ठा कर रखा था, उनकी परेशानी बढ़ गई। उनके सामने समस्या थी कि कबाड़ का क्या करें? वे अमेरिका में तो ठिकाने लगा नहीं सकते थे, सो उन्होंने कबाड़ को भट्ठियों (इंसिनिरेटर) में जलाया और उस कबाड़ जलाने से निकली राख को एक कार्गो शिप में लादकर फिलाडेल्फिया से रवाना कर दिया। उस खतरनाक कबाड़वाली राख का कुल वजन था 14 हजार मीट्रिक टन। जिस कार्गो शिप 'खियान सी' में जला हुआ कबाड़ लादकर रवाना किया गया था, वह लाइबेरिया में रजिस्टर्ड थी। पहले उस कबाड़ को बहामास में ठिकाने लगाने की योजना थी, लेकिन बहामास की सरकार को भनक लग गई और उसने जहाज को अपने इलाके से बाहर खदेड़ दिया।

बहामास में नाकाम होने के बाद अब खियान-सी नाम की वह शिप प्रशांत महासागर में भटकने लगी। नाम बदल-बदलकर उस जहाज ने कई देशों के चक्कर लगाए। डोमिनिकन रिपब्लिक, होंडुरास, पनामा, बरमूडा, गिनी बिसाऊ, डच एंटीलिस…। अब भला कौन देश अपने यहाँ खतरनाक कबाड़ डंप करने देता? सबने मना कर दिया। आखिरकार खियान-सी को हैती नाम के देश में कामयाबी मिल गई। कार्गो शिप के मैनेजरों ने हैती सरकार के अधिकारियों को झाँसा दिया कि जहाज में ऑर्गेनिक खाद है। मुफ्त में मिल रही खाद समझकर हैती ने खियान-सी पर लगा खतरनाक कचरे का जला हुआ अवशेष उतरवा लिया। करीब 4 हजार टन खतरनाक कचरा हैती में उतर चुका था, तभी ग्रीनपीस नाम की संस्था ने बताया

कि यह खाद नहीं, खतरनाक कचरा है। हैती की सरकार के होश उड़ गए। उसने खियान-सी के क्रू को आदेश दिया कि सारा कबाड़ वापस शिप में लादो, लेकिन कार्गो शिप हैती सरकार को गच्चा देकर गायब हो गई। बहुत बाद में पता चला कि फिलाडेल्फिया से भेजा गया जो 10 हजार टन खतरनाक कचरा हैती में डंप नहीं हो पाया, उसे खियान-सी के क्रू मेंबर्स ने प्रशांत और हिंद महासागर में फेंक दिया था। इस मामले में खियान-सी नामक कार्गो शिप चलाने वाली शिपिंग कॉर्प और कोस्टल कैरियर तथा कबाड़ लादने वाले अमेरिका के जोसेफ पाओलिनो ऐंड संस को 1993 में सजा हो गई।

इस घटना के बाद स्विट्जरलैंड के बेसल शहर में यूनाइटेड नेशंस के झंडे तले एक बड़ा सम्मेलन हुआ, जिसमें तय किया गया कि दुनिया के गरीब और विकासशील देशों को विकसित देशों के खतरनाक कबाड़ का डंपिंग ग्राउंड बनने से बचाना जरूरी है। बेसल कन्वेंशन में प्रोटोकॉल तय किया गया, उन कबाड़ों की सूची बनाई गई, जो इंसान और पर्यावरण के लिए खतरनाक हैं। बेसल कन्वेंशन में यूनाइटेड नेशंस के 186 सदस्य देशों ने हिस्सा लिया था, जिसमें 53 देश इस समझौते पर हस्ताक्षर कर चुके हैं।

खतरनाक कबाड़ में आज सबसे ज्यादा हिस्सेदारी ई-वेस्ट की है। चीन इलेक्ट्रॉनिक सामान बनाने के साथ-साथ इलेक्ट्रॉनिक कबाड़ का भी बड़ा केंद्र है। जैसा कि मैंने पहले बताया, चीन के गुइयू कस्बे को तो ई-कबाड़ रिसाइकिलिंग की वैश्विक राजधानी ही कहा जाने लगा है। चीन में ई-कबाड़ की रिसाइकिलिंग के धंधे ने दुनिया के कई देशों को आकर्षित किया। अपने ई-वेस्ट से छुटकारा पाने के लिए कई देशों ने खराब हो चुके टीवी, कंप्यूटर, मोबाइल फोन और दूसरे उपकरणों को थोक के भाव चीन भेजना शुरू किया तो चीन भी चिंता में पड़ गया। 2008 में चीन ने बेसल कन्वेंशन लागू करते हुए अपने देश में ई-वेस्ट इंपोर्ट करने पर पाबंदी लगा दी।

भारत में ई-वेस्ट निस्तारण

भारत में ई-कबाड़ की रिसाइकिलिंग और डिस्पोजल के नियम-कायदे पहले से हैं, जिनमें समय-समय पर संशोधन भी हुए हैं। पर्यावरण मंत्रालय ने 23 मार्च, 2016 को ई-वेस्ट के बारे में सबसे नई और विस्तृत गाइडलाइन जारी की थी, जिसमें ई-कबाड़ को लेकर हर किसी की जिम्मेदारी सुनिश्चित की गई है। मूल रूप से भारत में भी ई-वेस्ट या इलेक्ट्रॉनिक कबाड़ के प्रबंधन का दायित्व निर्माताओं

गुइयू कस्बे में बीमारियाँ फैलने के बाद चीन ने ई-वेस्ट रिसाइकिलिंग इकाइयों को आबादी से दूर शिफ्ट किया

और विक्रेताओं पर ही है, जिसे एक्सटेंडेड प्रोड्यूसर रिस्पॉन्सिबिलिटी (ईपीआर) कहा जाता है।

मैन्युफैक्चरर की जिम्मेदारी

इलेक्ट्रॉनिक्स और इलेक्ट्रिकल उपकरण बनानेवाली कंपनियों की जिम्मेदारी है कि वे निर्माण के दौरान निकलनेवाले ई-कबाड़ को रिसाइकिल या नष्ट करें। इसके लिए उत्पाद बनाने की कंपनियों को संबंधित राज्य के प्रदूषण नियंत्रण बोर्ड को लिखित प्रोफॉर्मा भरकर बताना होता है कि उन्होंने ई-वेस्ट निस्तारित करने का इंतजाम कर लिया है। ई-कबाड़ की ढुलाई और स्टोरेज में पर्यावरण को किसी तरह का नुकसान नहीं पहुँचेगा, इसकी गारंटी भी निर्माता कंपनियों को देनी होती है। साथ ही उन्हें पूरा रिकॉर्ड रखना होता है कि उपकरण या उत्पाद बनाते-बनाते समय कितना कबाड़ निकला, कितने की रिसाइकिलिंग हुई और कितना ई-कबाड़ नष्ट किया गया? इसकी जाँच प्रदूषण नियंत्रण बोर्ड भी समय-समय पर करता है और हर साल 30 जून तक कंपनियों को राज्य प्रदूषण नियंत्रण बोर्ड को पूरा ब्योरा भी देना होता है।

प्रोड्यूसर (उत्पादक) की जिम्मेदारी

इलेक्ट्रॉनिक्स और इलेक्ट्रिकल उपकरण बनानेवाले उत्पादक (प्रोड्यूसर) की जिम्मेदारी भी निर्धारित है। उन्हें खराब हो चुके उपकरण या ई-कबाड़ कलेक्शन की जिम्मेदारी उठानी होती है। इलेक्ट्रॉनिक्स और इलेक्ट्रिकल उपकरण उत्पादकों को एक्सटेंडेड प्रोड्यूसर रिस्पॉन्सिबिलिटी के तहत बेकार हो चुके सामान को अधिकृत रिसाइकिलिंग सेंटर तक पहुँचाने की जिम्मेदारी भी उठानी होती है। इसके लिए उन्हें अपनी कंपनी, रिटेलर या फिर किसी एजेंसी के जरिए उपभोक्ताओं को एक्सचेंज ऑफर भी देना पड़ता है, बाई बैक यानी पुराने सामान वापस खरीदने की स्कीम चलानी होती है, डिपॉजिट रिफंड स्कीम चलानी होती है। मतलब यह कि आपको अगर कोई कंपनी एक्सचेंज ऑफर देती है या फिर वादा करती है कि अमुक साल बाद वह आपसे पुराना उपकरण वापस खरीद लेगी या कीमत लौटा देगी तो कंपनी आप पर कोई एहसान नहीं करती। वह ऐसा करने के लिए नियमों के तहत बाध्य है। इलेक्ट्रॉनिक्स या इलेक्ट्रिकल सामान निर्माताओं के लिए यह भी अनिवार्य है कि वे अपना पता, इ-मेल पता और टोल फ्री नंबर उपभोक्ताओं को बताएँ, ताकि अगर किसी के पास उस कंपनी का कोई उपकरण खराब हो चुका हो तो उसे रिसाइकिलिंग के लिए भेजा जा सके। कंपनियों को इस बात का प्रचार-प्रसार भी करना होता है और प्रोडक्ट के यूजर गाइड या मैनुअल में यह भी बताना होता है कि इलेक्ट्रॉनिक या इलेक्ट्रिकल उपकरण को सामान्य कबाड़ में फेंकना खतरनाक है।

कलेक्शन सेंटर और डीलर की जिम्मेदारी

भारत में इलेक्ट्रिकल या इलेक्ट्रॉनिक्स उत्पाद बनाने और बेचनेवाली हर कंपनी के लिए जरूरी है कि वह ई-कबाड़ इकट्ठा करने के लिए कलेक्शन सेंटर स्थापित करे। कलेक्शन सेंटर को इस बात का पूरा रिकॉर्ड रखना होता है कि कितना ई-वेस्ट इकट्ठा किया गया और उसे किस रिसाइकिलिंग सेंटर को भेजा गया। कंपनी चाहे तो कलेक्शन सेंटर स्थापित करने की बजाय अपने अधिकृत डीलरों को यह जिम्मेदारी सौंप सकती है कि वे ई-कबाड़ इकट्ठा करें, उसे कंपनी या कंपनी द्वारा अधिकृत रिसाइकिलिंग सेंटर को भेजें और ई-कबाड़ का पूरा रिकॉर्ड रखें।

थोक उपभोक्ताओं की जिम्मेदारी

भारत में इलेक्ट्रॉनिक्स और इलेक्ट्रिकल उपकरणों के थोक उपभोक्ता उद्योग जगत के लोग ही हैं। उनकी जिम्मेदारी भी सरकार ने तय कर रखी है। थोक उपभोक्ताओं को भी इस बात का रिकॉर्ड रखना होता है कि उन्होंने कितना ई-कबाड़

ग्रीन पीस संस्था ने गुइयू में ई-वेस्ट से मानव स्वास्थ्य प्रभावित होने पर चिंता जताई है

पैदा किया और उसे कौन सी अधिकृत एजेंसी के पास रिसाइकिलिंग के लिए भेजा। राज्य प्रदूषण नियंत्रण बोर्ड को भी इसका ब्योरा देना जरूरी होता है।

रिसाइकिलिंग सेंटर और डिस्मैंटलिंग सेंटर की जिम्मेदारी

पर्यावरण मंत्रालय अब देश में ई-वेस्ट निस्तारित करनेवाली कंपनियों को भी मान्यता देता है। ई-कबाड़ को रिसाइकिल या डिस्मेंटल (नष्ट) करने के लिए अंतरराष्ट्रीय मानकों के अनुसार ही भारत में भी लाइसेंस दिए जा रहे हैं। ई-कबाड़ प्रबंधन में जुटी कंपनियों की निगरानी केंद्रीय या राज्यों के प्रदूषण नियंत्रण बोर्ड के जरिए होती है। राज्य सरकारों को यह सुनिश्चित करना होता है कि ई-कबाड़ रिसाइकिलिंग या डिस्मेंटल करनेवाली कंपनियों में सुरक्षा मानकों का पालन हो रहा है। राज्य सरकारों को यह भी देखने को कहा गया है कि ई-कबाड़ के निस्तारण में जुटे मजदूरों को पर्याप्त सुरक्षा उपकरण और प्रशिक्षण मिल रहा है। इसके लिए औद्योगिक कौशल विकास कार्यक्रम भी चलाने का निर्देश पर्यावरण मंत्रालय की गाइडलाइंस में है।

लक्ष्य बड़ा, संभावनाएँ बड़ी

2016 में ई-कबाड़ प्रबंधन के बारे में भारत सरकार ने जो दिशा-निर्देश जारी किए थे, उसी में लक्ष्य भी निर्धारित किया गया है। पर्यावरण मंत्रालय के टारगेट के

मुताबिक, पहले दो साल यानी 2018 तक देश में कुल पैदा होनेवाले ई-कबाड़ का 30 प्रतिशत हिस्सा रिसाइकिल और डिस्मेंटल करने का था। तीसरे और चौथे साल यानी 2020 तक 40 प्रतिशत, पाँचवें और छठे साल यानी 2022 तक 50 प्रतिशत और सातवें साल के बाद यानी 2023 के बाद 70 प्रतिशत ई-कबाड़ को सुरक्षित तरीके से निस्तारित करने का लक्ष्य भारत में है, लेकिन सच यह है कि देश में अब भी सिर्फ 24.50 प्रतिशत ई-कबाड़ निस्तारित करने की सुविधा ही उपलब्ध है।

इसका मतलब क्या हुआ? आसानी से निष्कर्ष पर पहुँचने वालों के लिए ई-कबाड़ और उससे निपटने का इंतजाम बहुत बड़ी समस्या नजर आएगी, लेकिन आप अगर ई-कबाड़ को भी संसाधन के नजरिए से देखेंगे तो मालूम होगा कि यह समस्या नहीं, अपार संभावनाओं वाला नए किस्म का कारोबार है, जिसे देश में फिलहाल गिने-चुने लोग ही आजमा रहे हैं। आपको संभावना नहीं दिख रही, क्योंकि आपको पता ही नहीं है कि ई-कबाड़ से भी कई लोग करोड़ों रुपए कमा रहे हैं। वे कौन से लोग हैं, जिन्होंने ई-कबाड़ में करोड़ों का कारोबार करने की संभावनाएँ ढूँढ़ लीं? अगर ई-वेस्ट किसी काम का नहीं, सिर्फ पर्यावरण और सेहत का दुश्मन है तो फिर इस धंधे में उच्च शिक्षित लोगों की दिलचस्पी क्यों है?

इसी साल 'द इकोनॉमिक्स टाइम्स' ने एक खबर प्रकाशित की थी। राजधानी

विदेश से उच्च शिक्षा लेने के बाद ई-कबाड़ का कारोबार शुरू करने वाले अक्षय जैन अपनी टीम के साथ

दिल्ली के दक्षिणी हिस्से में हरियाणा का फरीदाबाद जिला है। फरीदाबाद के ही एक युवा हैं अक्षय जैन, जिन्होंने मैनेजमेंट की पढ़ाई करने के लिए ब्रिटेन की ग्रीनविच यूनिवर्सिटी में दाखिला लिया था। ब्रिटेन में अक्षय जैन ने कूड़ा प्रबंधन की तकनीक और इंतजाम देखा, जिससे वे काफी प्रभावित हुए। वहीं उन्होंने ई-वेस्ट मैनेजमेंट के बारे में भी देखा-सुना, समझा। जनवरी 2014 में एम.बी.ए. की पढ़ाई पूरी करके अक्षय भारत लौटे। घर-परिवार, परिचितों को उम्मीद थी कि विलायत से एम.बी.ए. करके लौटे अक्षय कोई अच्छी सी नौकरी करेंगे या फिर अपना कोई बिजनेस। अक्षय ने घर आकर बताया कि वे ई-वेस्ट यानी इलेक्ट्रॉनिक कबाड़ का धंधा करना चाहते हैं। हर कोई भौचक्का हो गया था कि भला ब्रिटेन से एमबीए करके कोई कबाड़ का धंधा करता है ? लोगों ने अक्षय को बहुत समझाया लेकिन वे नहीं माने। उन्होंने 'नमो ई-वेस्ट मैनेजमेंट' के नाम से स्टार्ट-अप कंपनी शुरू की। संसाधन जुटाना, उपकरण जुटाना आसान नहीं था। करीब एक साल की मशक्कत के बाद अगस्त 2015 में अक्षय की ई-वेस्ट मैनेजमेंट कंपनी अस्तित्व में आई, जिसमें दो करोड़ की पूँजी उनके पिता ने लगाई थी।

शुरुआत में जान-पहचान के लोग भी अक्षय को 'कबाड़ीवाला' कहकर उनके ई-कबाड़ के बिजनेस का मखौल उड़ाते थे, लेकिन दो साल में ही ई-कबाड़ के कारोबार में अपनी कामयाबी से अक्षय ने सबको अचंभे में डाल दिया। आज अक्षय की कंपनी 12 राज्यों और केंद्र शासित प्रदेशों का ई-कबाड़ इकट्ठा करके उसे रिसाइकिल या डिस्मेंटल कर रही है। 12 राज्यों और केंद्र शासित प्रदेशों में अक्षय की कंपनी के कलेक्शन सेंटर या चैनल पार्टनर हैं। उनके ग्राहकों में बड़ी-बड़ी मल्टीनेशनल कंपनियाँ हैं, जो इलेक्ट्रॉनिक्स और इलेक्ट्रिकल उपकरण बनाती हैं। ग्रुप हाउसिंग सोसायटी हैं, जो अपने निवासियों का ई-कबाड़ रिसाइकिलिंग और डिस्मेंटलिंग के लिए मुहैया कराती हैं। इस काम से अक्षय को फायदा कितना हो रहा है, इसके लिए आप बस इतना ही जान लीजिए कि 2 करोड़ की पूँजी से अक्षय ने अगस्त 2015 में जो कंपनी शुरू की, उस कंपनी ने 2016-17 में 4.40 करोड़ का बिजनेस किया था। फ्रैंचाइज इंडिया ने अक्षय के स्टार्ट अप को बेस्ट ग्रीन स्टार्ट अप अवॉर्ड से नवाजा है।

दो भारतीय युवा उद्यमी भाइयों ने ई-कबाड़ के कारोबार से पूरी दुनिया को दंग कर दिया है। नवंबर 2013 में समाचार एजेंसी 'रायटर्स' ने दो भाइयों रोहन गुप्ता और नितिन गुप्ता की कामयाबी की हैरतअंगेज कहानी दुनिया को बताई थी। रोहन गुप्ता मेकैनिकल इंजीनियरिंग में ग्रैजुएट हैं। 2007 में उनका लैपटॉप खराब हो गया। जैसे मैं अपने मोबाइल फोन के खराब होने के बाद परेशान हो गया कि इसका

फरीदाबाद में स्टार्ट-अप के रूप में शुरू हुआ नमो ई-वेस्ट रिसाइकिलिंग प्लांट

क्या करूँ ? कुछ वही स्थिति रोहन गुप्ता के सामने थी। खराब लैपटॉप को सामान्य कबाड़ीवाले को बेचना उन्हें ठीक नहीं लगा, क्योंकि वह तोड़-फोड़ करके अपनी और दूसरों की जान साँसत में डाल सकता था। रोहन गुप्ता को लगा कि लैपटॉप जैसे उपकरणों को कबाड़ में बदलने के बाद सुरक्षित तौर पर निस्तारित करने का कोई ढंग का इंतजाम होना चाहिए। उन्होंने अपने भाई नितिन गुप्ता से इस बारे में बात की। दोनों भाइयों ने काफी सोचा-विचारा और तय किया कि दूसरों का मुहताज होने के बजाय हम खुद ही इस काम को शुरू करेंगे।

रोहन और नितिन गुप्ता ने ई-कबाड़ मैनेजमेंट कंपनी खोलने का फैसला किया। उन्होंने स्टार्ट अप का प्रोजेक्ट तैयार किया और थोड़ी सी कोशिशों के बाद उन्हें अगस्त 2008 में भारत और अमेरिकी निवेशकों से 60 लाख डॉलर से अधिक का स्टार्ट अप फंड मिल गया। उसी फंड से शुरू हुई गुप्ता ब्रदर्स की ई-वेस्ट मैनेजमेंट कंपनी 'अट्टेरो'। गुप्ता भाइयों की कंपनी का प्लांट उत्तराखंड के रुड़की में है, जो एक लाख वर्गफीट में है। उनकी कंपनी आज देश के 500 शहरों और कस्बों से ई-कबाड़ इकट्ठा करके उसकी रिसाइकिलिंग और डिस्मेंटलिंग कर रही है। 2013 में ही अट्टेरो ई-वेस्ट मैनेजमेंट के रिसाइकिलिंग प्लांट में हर महीने एक हजार मीट्रिक टन ई-कचरे की रिसाइकिलिंग हो रही थी। इस प्लांट में चूँकि ई-कबाड़ से प्लेटिनम, सोना और दूसरी धातुएँ निकालने की तकनीक भी

है, इसलिए कमाई की रफ्तार भी अच्छी-खासी है। रायटर्स की रिपोर्ट में ही बताया गया था कि 2012-13 के वित्तीय वर्ष में रोहन और नितिन गुप्ता की कंपनी का टर्नओवर डेढ़ करोड़ डॉलर यानी आज के हिसाब से करीब 97 करोड़ रुपए था।

कैसे होता है ई-कबाड़ का कारोबार

ई-कबाड़ का कारोबार दो तरह का है—रिसाइकिलिंग और डिस्मेंटलिंग। रिसाइकिलिंग में टीवी, कंप्यूटर, मोबाइल फोन और दूसरे उपकरणों के उन पुर्जों पर ध्यान केंद्रित किया जाता है, जिन्हें दोबारा इस्तेमाल में लाया जा सकता है। इलेक्ट्रॉनिक उपकरणों में ढेर सारे सर्किट ऐसे होते हैं, जिन्हें फिर से इस्तेमाल किया जा सकता है। डिस्मेंटलिंग उन पुर्जों की होती है, जिनका दोबारा इस्तेमाल नहीं हो सकता। इसमें ज्यादातर धातुएँ होती हैं या प्लास्टिक का ढाँचा। इन पुर्जों को बहुत सावधानी से अलग किया जाता है। फिर धातुओं को गलाकर उन्हें अलग किया जाता है। काफी हद तक ये काम सुनार की तरह होता है। जैसे सुनार गहनों को गलाता है और फिर उसमें से सोना अलग कर देता है और बाकी धातुओं को अलग, बिल्कुल उसी तरह ई-कबाड़ में से भी प्लेटिनम, सोना, ताँबा, एल्युमिनियम अलग कर दिया जाता है। कंप्यूटर-मोबाइल फोन जैसे उपकरणों में सोना, प्लेटिनम जैसी कीमती धातुओं का वजन कम होता है, लेकिन कुछ मिलीग्राम सोना भी अगर

ग्रीन पीस संस्था ने गुइयू में ई-वेस्ट से मानव स्वास्थ्य प्रभावित होने पर चिंता जताई है

एक उपकरण में हो तो जरा जोड़कर देखिए कि करोड़ों उपकरणों से कितना सोना निकल सकता है ? ठीक से सोचेंगे तो अंदाजा लग जाएगा कि देश में ई-कबाड़ का कारोबार कितना बड़ा हो सकता है।

नया कबाड़, नया रोजगार

ई-कबाड़ का कारोबार पूरी दुनिया में कूड़ा-कचरे का सबसे नया रूप है। इसमें रोजगार भी नए किस्म का मिल सकता है। भारत के पर्यावरण मंत्रालय के ई-कबाड़वाले दिशा-निर्देश पढ़ने के दौरान ही मुझे खयाल आया कि अगर स्किल डवलपमेंट मिशन के तहत कौशल विकास केंद्रों में ई-कबाड़ की रिसाइकिलिंग और डिस्मेंटलिंग का पाठ्यक्रम शुरू हो तो दोहरा फायदा है। इससे ई-वेस्ट मैनेजमेंट कंपनियों को प्रशिक्षित श्रमिक मिलने लगेंगे और देश में तेजी से बढ़ रही बेरोजगारों की फौज को रोजगार का नया अवसर। ई-वेस्ट मैनेजमेंट में जुटी कंपनियों का भी हौसला बढ़ेगा। वे नई इकाइयाँ खोलने से हिचकेंगी नहीं। इससे ई-कबाड़ मैनेजमेंट का लक्ष्य हासिल करने में भी बहुत मदद मिलेगी।

❑

मानो तो कूड़ा, नहीं तो धन

साल 2009 की बात है। पूरी दुनिया में आर्थिक मंदी छाई हुई थी। भारत पर भी उसका असर पड़ा। खासकर उन लोगों पर, जो विदेशी बाजार के लिए उत्पाद बनाते थे, उनका निर्यात करते थे। राजस्थान के जोधपुर में रहनेवाले रितेश लोहिया और उनकी पत्नी प्रीति के लिए भी वह दौर बड़ा मुश्किल था। उन्होंने बड़ी मशक्कत के बाद 'प्रीति इंटरनेशनल' के नाम से फर्नीचर और हैंडीक्राफ्ट्स निर्यात करने वाली फर्म शुरू की थी। विदेशों से ऑर्डर आने शुरू ही हुए थे कि वैश्विक आर्थिक मंदी ने भविष्य पर ग्रहण लगा दिया।

ऐसे कठिन समय में पुराना कबाड़ रितेश लोहिया को मंदी के संकट से उबारने का सहारा बना। इसकी कहानी भी बड़ी दिलचस्प है। हुआ यों कि एक दिन रितेश लोहिया के शोरूम पर डेनमार्क का एक ग्राहक आया। रितेश लोहिया उसे

रितेश और प्रीति लोहिया ने कबाड़ से बने उत्पादों को उद्योग का रूप दे दिया है

गोदाम में माल दिखाने ले गए। वहीं टिन का एक पुराना डिब्बा पड़ा था, जिस पर दुकान के किसी मजदूर ने कपड़े से बनी गद्दी रख दी थी। दूर से देखने पर टिन का डिब्बा मोढ़े जैसा दिख रहा था। विदेशी ग्राहक को वह 'आइटम' बड़ा दिलचस्प लगा। उसने रितेश से पूछा तो उन्होंने बताया कि यह तो बस फालतू कबाड़ है। विदेशी ग्राहक ने उन्हें सुझाया कि जिसे आप फालतू कबाड़ समझ रहे हो, उसकी बाजार में अच्छी-खासी डिमांड हो सकती है।

रितेश ने उस विदेशी ग्राहक की बात सोची तो मानो अचानक दिमाग की बत्ती जल उठी। उन्होंने फौरन टिन का कबाड़ खरीदना शुरू कर दिया। उसे साफ करके, उस पर डिजाइनर कवर वाली गद्दियाँ लगानी शुरू कीं। कबाड़ के जुगाड़ से बने इन मोढ़ों को विदेशों में 'स्पेशल एंटीक स्टूल' की तरह देखा जाने लगा। हजारों नग के ऑर्डर आने लगे। अमेरिका से ऑस्ट्रेलिया तक कबाड़ से बने स्टूल की माँग इतनी ज्यादा थी कि रितेश की कंपनी पूरी क्षमता से दिन-रात काम करके भी डिमांड के हिसाब से उत्पादन नहीं कर पा रही थी।

रितेश और प्रीति लोहिया ने कबाड़ से बने उत्पादों को उद्योग का रूप दे दिया है

रितेश और प्रीति ने टिन के स्टूल बनाने से निकला आइडिया धीरे-धीरे दूसरे कबाड़ पर भी आजमाया। उन्होंने टिन के पुराने ड्रम को फर्नीचर में बदला, पुराने टेंट और तिरपाल की कतरनों से दरियाँ बनाना शुरू किया। लोहे के पुराने पुर्जों को सजावटी सामान में बदला। मैंने जब रितेश लोहिया से बात की, तो उन्होंने बताया कि कबाड़ का उनका कारोबार कितनी तेजी से आगे बढ़ रहा है। दो साल पहले उनका टर्नओवर 25 करोड़ रुपए सालाना था, पिछले साल 35 करोड़ रुपए का

जोधपुर में कबाड़ से बने उत्पादों की पूरी दुनिया में भारी मांग है

कारोबार हुआ और इस साल उनका सालाना टर्नओवर 50 करोड़ रुपए पहुँचनेवाला है। उनकी कंपनी हर महीने कबाड़ से बने उत्पादों के 35 कंटेनर अमेरिका, यूरोप, सिंगापुर, कोरिया, जर्मनी जैसे देशों में भेजती है। हाल यह है कि अब जोधपुर और आस–पास के कबाड़ियों से कबाड़ खरीदने से भी डिमांड पूरी करने का कच्चा माल नहीं जुट पा रहा। मजबूरी में रितेश और प्रीति को नए सामान को कबाड़ की शक्ल देनी पड़ रही है। इस दंपती ने लोहा, लकड़ी और जूट के कबाड़ से सामान बनाने के लिए जोधपुर के पास ही बोरानाडा में वर्कशॉप बनाया है, जबकि 'टेक्सटाइल वेस्ट' से सामान बनाने का प्लांट जोधपुर के पास ही बासनी में है। डिमांड पूरा करने के लिए रितेश लोहिया अब दूसरी फर्मों से ठेके पर सामान बनवाने लगे हैं। जोधपुर में करीब दो हजार लोग ऐसे हैं, जो हर महीने रितेश लोहिया की बदौलत 25 से 40 हजार रुपए तक कमा रहे हैं।

कुछ दिन पहले ही रितेश और प्रीति की कहानी हिंदी दैनिक 'राजस्थान पत्रिका' में छपी थी, जिसमें बताया गया कि साउथ कोरिया से उनकी फर्म को दो हजार दरियों का ऑर्डर मिला था। इतनी दरियाँ बनाने के लिए उनके पास रद्दी, बेकार कपड़े नहीं थे। ऑर्डर पूरा करना भी जरूरी था, क्योंकि बाजार में साख बचानी थी, इसलिए रितेश ने दरियों का ऑर्डर पूरा करने के लिए सेना के टेंट और पुरानी वर्दियों को नीलामी में खरीदा। अपने वर्कशॉप में उन्होंने उन कपड़ों और टेंट की कतरनें बनाईं और उन्हीं कतरनों से दरियाँ बनाई जाने लगीं। इसमें भी रितेश को अच्छा-खासा मुनाफा हुआ। माल और मजदूरी सब जोड़ने के बाद एक दरी की लागत 500 रुपए आई, जबकि कोरिया में एक दरी की कीमत उन्हें दो हजार रुपए मिली। रितेश लोहिया की कामयाबी से प्रभावित होकर जोधपुर में कई और युवाओं ने कबाड़ के धंधे में हाथ आजमाना शुरू किया। आज जोधपुर की पहचान इंटरनेशनल मार्केट में कबाड़ से कमाल की चीज़ें बनानेवाले शहर के रूप में बन चुकी है।

रद्दी कागज से रोजी-रोटी

रद्दी कागज की अहमियत अब आम लोग भी समझने लगे हैं, लेकिन पूरा नहीं। ज्यादातर लोगों को लगता है कि रद्दी कागज कबाड़ी वाला खरीदता है और उसे कागज रिसाइकिल करने वाली कंपनियों को बेच देता है। अखबारी कागज 10 रुपए किलो बेचकर लोग खुश हैं कि चलो, कुछ तो कीमत वसूल हुई। कागज की कतरन के बारे में जागरूकता की कमी अब भी बरकरार है। ज्यादातर घरों में कागज के टुकड़े आज भी कूड़ेदान में डाल दिए जाते हैं। रेहड़ीवाला कागज में लपेटकर जो चीज़ें बेचता है, उस कागज को लोग यों की सड़क पर फेंक देते हैं।

रद्दी कागज से उपयोगी वस्तुएँ बनाई जा सकती हैं

अब तो सड़क के किनारे खुली चाय की दुकानों में चाय भी कागज के कप में बेची जा रही है। चाय पीने के बाद कागज के कप भी लोग सड़क पर फेंक देते हैं, जो गंदगी बढ़ाने में जन–योगदान की तरह है। लोगों को पता ही नहीं कि कागज चाहे कैसा भी हो, बड़े काम का है। कई लोगों की रोजी–रोटी का जरिया है। व्यापक संभावनाओं वाले एक कुटीर उद्योग का कच्चा माल है।

महाराष्ट्र से लेकर यूपी तक के गाँवों में ऐसे हुनरमंद मौजूद हैं, जो रद्दी कागज और कागज की कतरनों से बहुत खूबसूरत सामान बनाते हैं। महाराष्ट्र के गाँवों में तो कई स्वयं सहायता समूह बन गए हैं, जिनकी सदस्य महिलाएँ कागज की कतरनों से डलिया, ट्रे, फूलदान, फोटो फ्रेम बना रही हैं। कागज के खिलौने भी बनाए जा रहे हैं। खास बात यह है कि कागज की कतरन से सामान बनाने के लिए किसी मशीनरी की जरूरत नहीं पड़ती। तरीका भी बहुत आसान है। इतना तो आप सब भी जानते हैं कि कागज बहुत आसानी से पानी पड़ते ही गल जाता है। आमतौर पर अगर कागज को एक हफ्ते तक पानी में डुबोकर रखा जाए, तो उसकी लुगदी बन जाती है। अगर अखबारी कागज है तो लुगदी बनने में कम समय लगता है। कागज की लुगदी को अगर कास्टिक सोडा के साथ उबाल दिया जाए तो कागज के रंग निकल जाते हैं।

कागज की लुगदी से खिलौने, ट्रे, फोटो फ्रेम वगैरह बनाने के लिए उसमें प्लास्टर ऑफ पेरिस या खड़िया मिट्टी मिलाई जाती है। लुगदी और प्लास्टर ऑफ पेरिस की बॉण्डिंग मजबूत बनाने के लिए गोंद या चावल की माड़ मिलाई

रद्दी कागज से खूबसूरत सजावटी सामान बनाए जा सकते हैं

जाती है। फिर उसमें मनचाहा रंग मिलाया जाता है। अगर बहुरंगी कलाकृति बनानी हो तो रंग-रोगन का काम बाद में होता है। कागज की लुगदी को मनचाहा आकार देने के लिए साँचे में ढाला जाता है और फिर उसे सूखने के लिए छोड़ दिया जाता है। यह कला आज की नहीं है। सैकड़ों साल से दुनिया भर में रद्दी कागज से सजावटी सामान बनाने का काम चल रहा है। भारत में तो स्कूली पढ़ाई का अभिन्न हिस्सा रहा है, जिसे पहले पुस्तक कला के विषय के रूप में पढ़ाया जाता था और आज प्रोजेक्ट के नाम पर 'एक्स्ट्रा करिकुलर एक्टिविटीज' के रूप में। फर्क सिर्फ इतना है कि बच्चों से कागज के प्रोजेक्ट बनवाते समय हम उन्हें विस्तार से नहीं समझाते कि भविष्य में इसे रोजगार के विकल्प के रूप में भी इस्तेमाल किया जा सकता है।

खराब कपड़ा भी अरबों का

फटे-पुराने कपड़ों का मामला भी कुछ ऐसा ही है। पुराने कपड़े अब लोग गरीबों को दान करने लगे हैं, लेकिन कई बार पुराने कपड़े इतनी बुरी हालत में होते हैं, जो पहनने के काम नहीं आ सकते। अब उन कपड़ों का क्या किया जाए? उत्तर प्रदेश में अमरोहा नाम का एक जिला है। यहाँ 'वेस्ट कॉटन' का पूरा उद्योग खड़ा हो गया है। अमरोहा में करीब 1200 इकाइयाँ हैं, जो कपड़े की कतरन बनाती हैं और उन कतरनों को नेपाल तथा बांग्लादेश के बाजारों में बेचती हैं। कपड़े की कतरन से गद्दे और तकिए बनाए जाते हैं। फटे-पुराने कपड़ों से दरियाँ बनाई जाती हैं। खेस बनाई जाती है। ढेर सारी कतरन का इस्तेमाल 'सॉफ्ट ट्वॉयज' यानी टेडी बियर जैसे नरम-मुलायम भराऊ खिलौने बनाने में किया जाता है। जब तक अमरोहा के लोगों को कपड़ों की कतरन के इस्तेमाल का पता नहीं था, तब तक हथकरघा में कपड़ों की बुनाई के बाद जो कतरन बचती थी, उसे जला दिया जाता था। कपड़ों की कतरन जलाने से प्रदूषण होता है। हवा जहरीली होती थी लेकिन अब कपड़ों की कतरन लोगों की रोजी-रोटी का जरिया बन गई है। अरबों का कारोबार फटे-पुराने कपड़ों पर टिका है।

बाँस ने बदला फैशन

भारत और पूरी दुनिया में बाँस यानी बंबू बहुतायत में उगता है। परंपरागत तौर पर बाँस का इस्तेमाल छप्पर बनाने से लेकर फर्नीचर बनाने में किया जाता रहा है। पूर्वी उत्तर प्रदेश और बिहार में तो आज भी शादी की रस्म पूरी तभी होती है, जब बाँस की डलिया आ जाए। दुलहन को वर पक्ष की ओर से जो तोहफे दिए जाते हैं,

बाँस अब फर्नीचर ही नहीं, फैशनेबल कपड़े बनाने का भी बेहतरीन स्रोत बन चुका है

उन्हें 'डाल' कहा जाता है। डाल और कुछ नहीं, बाँस की डलिया ही है, जिसमें रखकर दूल्हे के बड़े भाई दुलहन को तोहफे देते हैं।

वक्त के साथ रिवाज बदले तो बाँस की बेकद्री बढ़ गई। लोग यह भी भूल गए कि बाँस पर्यावरण के लिए कितना जरूरी है ? आपकी जानकारी के लिए बता दूँ कि पूरी दुनिया में घास की प्रजाति का सबसे लंबा और मजबूत पौधा बाँस ही है। बाँस की 1600 प्रजातियाँ पूरी दुनिया में पाई जाती हैं। कुछ प्रजातियाँ तो ऐसी हैं, जो एक दिन में ढाई से तीन फुट बढ़ती हैं। बाँस की एक और खासियत है। जहाँ बाँस के झुरमुट बहुतायत में होते हैं, वहाँ पर्यावरण को दूषित करने वाली ग्रीन हाउस गैसों का प्रभाव बहुत कम होता है, क्योंकि बाँस अपने साइज के दूसरे पेड़-पौधों की तुलना में 35 प्रतिशत ज्यादा ऑक्सीजन उत्सर्जित करता है। बाँस चूँकि घास की प्रजाति का है, इसलिए बाँस को बार-बार बोना नहीं पड़ता। एक बार बाँस काट दिया जाए तो फिर उसकी जड़ों से तीन से पाँच साल में दोबारा बाँस काटे जाने लायक तैयार हो जाता है। पूरी दुनिया में 4 करोड़ हेक्टेयर भू-भाग बाँस से ढका हुआ है और इसमें भी ज्यादातर हिस्सा एशिया में ही है। अकेले चीन में 30 लाख हेक्टेयर इलाके में बाँस के जंगल हैं। भारत में पूर्वोत्तर राज्यों में बाँस बहुतायत में मिल जाता है।

खैर, मैं बात कर रहा था बाँस के इस्तेमाल की। बाँस के फर्नीचर की माँग आज भी बहुत ज्यादा है, लेकिन अब बाँस फैशन इंडस्ट्री की पहली पसंद बनता जा रहा है। बाँस के रेशों से बेहतरीन क्वालिटी की फैब्रिक बनाई जा रही है, जिसे 'बंबू सिल्क' नाम दिया गया है। बंबू सिल्क से शर्ट बन रही है, महिलाओं के सूट बन रहे हैं, स्कार्फ बन रहे हैं और बेहद खूबसूरत साड़ियाँ भी बाँस के रेशों से बने फैब्रिक से बनाई जा रही हैं, जिनकी कीमत सामान्य फैब्रिक से कहीं ज्यादा है। भारत के महाराष्ट्र और तमिलनाडु में अब बाँस सिल्क या बंबू सिल्क बड़े उद्योग में बदल रहा है।

फैशन इंडस्ट्री के दिग्गज भी अब मानने लगे हैं कि बाँस से बना प्राकृतिक फाइबर कपास की तुलना में ज्यादा बेहतर है, क्योंकि बाँस के रेशों की लंबाई 35 मीटर तक होती है। इन रेशों की कताई की जरूरत नहीं पड़ती, उनसे सीधा कपड़ा बुना जा सकता है। बाँस से बने कपड़ों की एक और खासियत बड़ी दिलचस्प है। बंबू सिल्क अगर पुराना हो जाए, फट जाए तो उसे कंपोस्ट यानी खाद में बदला जा सकता है। बाँस के बने कपड़ों की माँग इतनी ज्यादा है कि अब बड़ी-बड़ी फैक्ट्रियों में बाँस से सेल्यूलोज निकालकर उसमें केमिकल मिलाकर सिंथेटिक रेयान बनाया जा रहा है। इस पर पूरी दुनिया में विवाद भी खड़ा हो रहा है; क्योंकि बाँस से सिंथेटिक रेयान बनाने में कार्बन डाइ सल्फाइड केमिकल का इस्तेमाल होता है, जो उन फैक्ट्रियों में काम करनेवाले मजदूरों के लिए खतरनाक है। कार्बन डाइ सल्फाइड से लीवर, दिल और दिमाग की बीमारियाँ होने का खतरा बहुत ज्यादा होता है।

केले का पेड़ भी बना सकता है मालामाल

बंबू सिल्क से याद आया, भारत में केले की खेती भी तो खूब होती है। केले की खेती करनेवाले किसान केला बेचकर तो खुश होते हैं, लेकिन अगली फसल के लिए खेत खाली करना उनके लिए किसी मुसीबत से कम नहीं है। सबसे बड़ी मुसीबत यही है कि केले के तने को कहाँ फेंकें ? कुछ किसान केले का तना काटकर खेत में ही छोड़ देते हैं, जो धीरे-धीरे कंपोस्ट यानी खाद में बदल जाता है। ज्यादातर किसानों को अंदाजा ही नहीं है कि केले का तना फल से भी ज्यादा कीमती है। केले के तने से रेशा (फाइबर) निकालकर उससे कपड़ा बुना जा सकता है।

भारत में तमिलनाडु, गुजरात, महाराष्ट्र, आंध्र प्रदेश, तेलंगाना, कर्नाटक, बिहार, मध्य प्रदेश, पश्चिम बंगाल, असम और ओड़िशा में लाखों किसानों के लिए केला नकदीवाली फसल है। उन्हें केला बेचकर अपनी जरूरत के लिए फौरन कैश

केले के तने से निकलने वाले रेशे से कपड़े की बुनाई भी संभव है

मिल जाता है। केला बेचने में ज्यादा मशक्कत भी नहीं करनी पड़ती, क्योंकि केले की डिमांड देश के साथ-साथ विदेशों में भी खूब है। देश के बाकी राज्यों में केले का फल ही बिकता है, लेकिन दक्षिण भारत में केले के पत्तों का भी अच्छा-खासा बाजार है। केले का पत्ता दक्षिण भारत में खाना परोसने के काम आता है, इसलिए अब दक्षिण भारत के राज्यों में केले के पत्तल बनाने के कारखाने भी खुल गए हैं। उन कारखानों में केले के पत्तों को मशीनों में प्रेस करके प्लेट का आकार दे दिया जाता है। केले के फूल और तने के अंदरूनी मुलायम हिस्सों का इस्तेमाल सब्जियाँ और अचार बनाने में भी होता है। केले के तने के रस (जूस) को स्वास्थ्य के लिए वरदान माना जाता है। मधुमेह (डायबिटीज) से लेकर गॉल ब्लैडर और किडनी में पथरी होने पर केले के तने का रस (बनाना स्टेम जूस) बहुत लाभकारी है। इसमें फाइबर भरपूर होता है, इसलिए कब्ज में भी केले के तने का जूस असरदार दवा का काम करता है। अब तो कई कंपनियाँ केले के तने का जूस आकर्षक पैकिंग में बेच रही हैं और उसकी कीमत वसूल रही हैं तीन-साढ़े तीन सौ रुपए प्रति लीटर।

केले के प्रगतिशील किसान और कारोबारी इन फायदों से वाकिफ हैं। मैं तो बता रहा था केले के तने से रेशे निकालकर उनसे कपड़े बनाने के बारे में। जनवरी 2017 में गुजरात में 'वाइब्रैंट गुजरात' सम्मेलन हुआ, जिसमें गुजरात सरकार ने 'बनाना फाइबर' के बारे में एक प्रोजेक्ट का खाका पेश किया। इसमें बताया गया कि केले के तने से रेशा निकाला जाए तो कपड़ा उद्योग के लिए कमाल हो सकता है। इसका रेशा काफी हद तक जूट या पटसन के रेशे की तरह ही होता है। केले

केले के तने से रेशा निकालने वाली मशीन

के तने से रेशा निकालने की प्रक्रिया बहुत मुश्किल नहीं है। करना बस इतना है कि केले का तना काटकर उसका अंदरूनी हिस्सा निकाल दिया जाए, क्योंकि अंदरूनी हिस्से में पानी और नमी बहुत ज्यादा होती है। फिर केले के तने के बाहरी हिस्सों को मशीन में डालकर उसकी पेराई कर दी जाए। इससे तने की नमी निकल जाएगी और रेशा अलग हो जाएगा। उस रेशे को प्रोसेस करके उससे कपड़े की बुनाई आराम से की जा सकती है।

गुजरात सरकार ने बताया कि 2013 में कपड़ा उद्योग का ग्लोबल मार्केट 773 अरब डॉलर का था, जिसमें 55 फीसदी कपड़ा पोशाक बनाने और 45 फीसदी कपड़ा दूसरे कामों में इस्तेमाल हो रहा था। 2018 तक पूरी दुनिया में टेक्सटाइल इंडस्ट्री एक हजार अरब डॉलर और 2023 तक 1300 अरब डॉलर की हो जाएगी, जिसमें भारत की हिस्सेदारी 233 अरब डॉलर की होगी। 2023 तक भारत 95 अरब डॉलर का टेक्सटाइल प्रोडक्ट निर्यात करने लगेगा, जबकि 138 अरब डॉलर मूल्य के कपड़ों की खपत भारतीय बाजारों में ही होगी। इस डिमांड को पूरा करने में केले का कपड़ा यानी बनाना फैब्रिक बहुत बड़ी भूमिका निभा सकता है। भारत में बनाना फैब्रिक की संभावनाएँ बहुत ज्यादा हैं, क्योंकि केला उत्पादन के मामले में भारत दुनिया में पहले नंबर पर है। पूरी दुनिया का एक-चौथाई केला भारत में ही पैदा होता है।

केले के तने से रेशा निकालकर किसान अपनी आमदनी बढ़ा सकते हैं

गुजरात में सूरत शहर को भारत की टेक्सटाइल सिटी के नाम से जाना जाता है। सूरत में कपड़ा उद्योग बहुत बड़ा है। यहाँ कपड़ा बनानेवाली सैकड़ों फैक्टरियाँ हैं, इसलिए गुजरात सरकार ने कपड़ा उद्योग को 'बनाना फाइबर' मुहैया कराने के लिए उन 4 शहरों का चुनाव किया है, जहाँ केले की खेती सबसे ज्यादा होती है। ये चार शहर हैं भरुच, नर्मदा, आणंद और खेड़ा। केले से रेशा निकालने का प्लांट 24 घंटे चलाने के लिए औसतन 255 लोगों की जरूरत पड़ेगी। प्लांट के लिए मशीनरी कहाँ से मिलेगी, इसका ब्योरा भी गुजरात सरकार के बनाना फैब्रिक वाले प्रोजेक्ट रिपोर्ट में दिया गया है। आपको जानकर सुखद आश्चर्य होगा कि केले से रेशा निकालने और उसका कपड़ा बनाने के लिए जितने किस्म की मशीनरी जरूरी है, वह सब भारत में ही उपलब्ध है।

भारत में तमिलनाडु, गुजरात और बिहार तक में केले से फाइबर निकालने और उससे कपड़े बनाने का प्रयोग कई साल पहले ही सफल हो चुका है। तमिलनाडु के कुछ जागरूक लोगों ने यह प्रयोग किया और उनके बनाए 'बनाना फैब्रिक' की डिमांड अब विदेशों में भी है। केले के फाइबर से बने कपड़ों की बाजार में अब मुँहमाँगी कीमत मिल रही है। अच्छी क्वालिटी का बनाना फैब्रिक बड़े आराम से एक-डेढ़ हजार रुपए प्रति मीटर की दर से बिक रहा है। कई ऑनलाइन पोर्टल पर बनाना सिल्क से बने उत्पाद 5-6 हजार रुपए में बिक रहे

केले के तने से निकले रेशे का इस्तेमाल जूट और पटसन की तरह भी हो सकता है

हैं। बिहार के हाजीपुर में केला अनुसंधान केंद्र है, जहाँ केले के रेशे की बुनाई करके थैले, टोपियाँ बनाने की विधि तीन साल पहले ही ढूँढ़ ली गई, लेकिन इसका प्रचार-प्रसार ठीक से नहीं हो पाया। नतीजा यह निकला कि केला उत्पादन करनेवाले किसान फसल काटने के बाद केले के बहुमूल्य तने का मोल नहीं समझ पाए। वे अब भी केले के तने को बेकार समझकर फेंक रहे हैं, जबकि 'फाइबर टु फैशन' नाम की एक वेबसाइट का दावा है कि फैशन की दुनिया में 'बनाना सिल्क' नई क्रांति आनेवाली है। जापान और फिलिपींस जैसे देश तो बहुत पहले से 'बनाना फाइबर' से टी-बैग और नैपकिन बना रहे हैं। अब काफी शोध और प्रयोगों के बाद यह बात साबित हो चुकी है कि 'बनाना फैब्रिक' ईको-फ्रेंडली है, सामान्य कॉटन फाइबर से ज्यादा मजबूत है, इससे बुना गया कपड़ा मुलायम होता है, इसे आग आसानी से नहीं पकड़ती और यह ग्रीज प्रूफ भी है।

'बनाना फाइबर' के उत्पादन से किसानों का कितना कल्याण हो सकता है, इसका ब्योरा 2014 में दक्षिण भारत के प्रमुख अंग्रेजी दैनिक 'द हिंदू' में छपी एक रिपोर्ट से मिल जाता है। उस रिपोर्ट में तमिलनाडु के ईरोड जिले के कृषि विज्ञान केंद्र के हवाले से बताया गया था कि एक एकड़ केले के खेत में औसतन एक-डेढ़ हजार केले के तने निकलते हैं। अगर 10 से 13 केले के तनों की प्रोसेसिंग की जाए तो 2 किलो 'बनाना फाइबर' निकलता है। आमतौर पर कपड़ा

पूरी दुनिया में एक चौथाई केले का उत्पादन भारत में होता है

बनाने वाली कंपनियाँ 110 से 200 रुपए प्रति किलो की दर 'बनाना फाइबर' खरीद लेती हैं। इस हिसाब से जोड़ा जाए तो प्रति एकड़ केले के खेत से 150 किलो तक 'बनाना फाइबर' पैदा किया जा सकता है और किसानों को प्रति एकड़ केले के खेत से 'बनाना फाइबर' बेचकर 16 हजार 500 रुपए की कमाई हो सकती है। यह आमदनी केले की फसल से होनेवाली कमाई के बाद है। केले के उस तने की आमदनी है, जिसे केले की खेती करनेवाले ज्यादातर किसान बेकार समझते हैं।

कूड़ा-कबाड़ कुछ नहीं, सब धन है

इस पुस्तक को लिखते समय मुझे एहसास हुआ कि कूड़ा-कबाड़ जैसी कोई चीज़ इस दुनिया में है ही नहीं। अगर कुछ कूड़ा-कबाड़ है तो हमारी सोच के चलते। क्या है कि हम जिन चीज़ों के इस्तेमाल के बारे में सोच नहीं पाते, उसे बेकार समझ लेते हैं। कूड़ा समझ लेते हैं। हमें इस्तेमाल नहीं पता, इसलिए उन चीज़ों को फेंकना शुरू कर देते हैं। चूँकि ज्यादातर लोग एक जैसा सोचते हैं, एक जैसी प्रतिक्रिया जताते हैं, इसलिए जब समाज के बहुसंख्यक लोग किसी वस्तु को कबाड़ समझकर खुले में फेंकना शुरू करते हैं तो वही वस्तु समस्या बन जाती है। चाहे प्लास्टिक हो, कागज हो, घरेलू कचरा हो या फिर सीवर का गंदा-बदबूदार पानी ही क्यों न हो।

आप खुद सोचिए, आज बहुत कम लोग हैं, जो दवा-दारू की खाली

शीशियाँ और बोतलें फेंकते हैं। लोहे और धातुओं से बने सामान अगर खराब भी हो जाएँ तो ज्यादातर लोग उसे कूड़ेदान में नहीं फेंकते। नालों में नहीं फेंकते। क्यों? क्योंकि सबको शीशे और धातुओं की कीमत का अंदाजा है। जिन्हें ज्यादा नहीं पता, वे भी जानते हैं कि कबाड़ी वाला शीशी-बोतल और लोहा-लक्कड़ अच्छे दाम पर खरीद लेता है। लेकिन ऐसा हम पॉलीथिन, प्लास्टिक की बोतलों, बाल या घरेलू कचरे के बारे में नहीं सोचते, क्योंकि हमें पता ही नहीं कि इनका भी बहुत कुछ इस्तेमाल हो सकता है। मैंने कोई शोध-प्रबंध नहीं लिखा है। मैंने कूड़े को धन में बदलने की कोई काल्पनिक बात नहीं लिखी है। मैंने तो आपको सिर्फ इतना बताया है कि आप जिसे कूड़ा समझते हैं, इसी दुनिया में उस कूड़े को धन में बदलनेवाली तकनीक मौजूद है। ऐसे लोग मौजूद हैं, जो तकनीक का इस्तेमाल करके कूड़े से धन पैदा कर रहे हैं। समस्या को संसाधन में बदल रहे हैं। अपना शहर, अपना गाँव, अपना मुल्क साफ-सुथरा बना रहे हैं। अपनी संपन्नता बढ़ा रहे हैं। देश की अर्थव्यवस्था को मजबूत बना रहे हैं। रोजगार के अवसर उपलब्ध करा रहे हैं।

❑❑❑